# 文化建设法律法规学习读本
# 知识产权管理法律法规

叶浦芳　主编

加大全民普法力度，建设社会主义法治文化，树立宪法法律至上、法律面前人人平等的法治理念。
——中国共产党第十九次全国代表大会《决胜全面建成小康社会 夺取新时代中国特色社会主义伟大胜利》

汕头大学出版社

## 图书在版编目（CIP）数据

知识产权管理法律法规／叶浦芳主编. -- 汕头：汕头大学出版社（2021.7重印）

（文化建设法律法规学习读本）

ISBN 978-7-5658-2940-6

Ⅰ.①知… Ⅱ.①叶… Ⅲ.①知识产权法-中国-学习参考资料 Ⅳ.①D923.44

中国版本图书馆 CIP 数据核字（2018）第 034922 号

---

**知识产权管理法律法规　ZHISHI CHANQUAN GUANLI FALÜ FAGUI**

| | |
|---|---|
| 主　　编： | 叶浦芳 |
| 责任编辑： | 邹　峰 |
| 责任技编： | 黄东生 |
| 封面设计： | 大华文苑 |
| 出版发行： | 汕头大学出版社 |
| | 广东省汕头市大学路 243 号汕头大学校园内　邮政编码：515063 |
| 电　　话： | 0754-82904613 |
| 印　　刷： | 三河市南阳印刷有限公司 |
| 开　　本： | 690mm×960mm　1/16 |
| 印　　张： | 18 |
| 字　　数： | 226 千字 |
| 版　　次： | 2018 年 5 月第 1 版 |
| 印　　次： | 2021 年 7 月第 2 次印刷 |
| 定　　价： | 59.60 元（全 2 册） |

ISBN 978-7-5658-2940-6

版权所有，翻版必究

如发现印装质量问题，请与承印厂联系退换

# 前　言

习近平总书记指出："推进全民守法，必须着力增强全民法治观念。要坚持把全民普法和守法作为依法治国的长期基础性工作，采取有力措施加强法制宣传教育。要坚持法治教育从娃娃抓起，把法治教育纳入国民教育体系和精神文明创建内容，由易到难、循序渐进不断增强青少年的规则意识。要健全公民和组织守法信用记录，完善守法诚信褒奖机制和违法失信行为惩戒机制，形成守法光荣、违法可耻的社会氛围，使遵法守法成为全体人民共同追求和自觉行动。"

中共中央、国务院曾经转发了中央宣传部、司法部关于在公民中开展法治宣传教育的规划，并发出通知，要求各地区各部门结合实际认真贯彻执行。通知指出，全民普法和守法是依法治国的长期基础性工作。深入开展法治宣传教育，是全面建成小康社会和新农村的重要保障。

普法规划指出：各地区各部门要根据实际需要，从不同群体的特点出发，因地制宜开展有特色的法治宣传教育坚持集中法治宣传教育与经常性法治宣传教育相结合，深化法律进机关、进乡村、进社区、进学校、进企业、进单位的"法律六进"主题活动，完善工作标准，建立长效机制。

特别是农业、农村和农民问题，始终是关系党和人民事业发展的全局性和根本性问题。党中央、国务院发布的《关于推进社会主义新农村建设的若干意见》中明确提出要"加强农村法制建设，深入开展农村普法教育，增强农民的法制观念，提高农民依法行使权利和履行义务的自觉性。"多年普法实践证明，普及法律知识，提高法制观念，增强全社会依法办事意识具有重要作用。特别是在广大农村进行普法教育，是提高全民法律素质的需要。

多年来，我国在农村实行的改革开放取得了极大成功，农村发生了翻天覆地的变化，广大农民生活水平大大得到了提高。但是，由于历史和社会等原因，现阶段我国一些地区农民文化素质还不高，不学法、不懂法、不守法现象虽然较原来有所改变，但仍有相当一部分群众的法制观念仍很淡化，不懂、不愿借助法律来保护自身权益，这就极易受到不法的侵害，或极易进行违法犯罪活动，严重阻碍了全面建成小康社会和新农村步伐。

为此，根据党和政府的指示精神以及普法规划，特别是根据广大农村农民的现状，在有关部门和专家的指导下，特别编辑了这套《全国普法学习读本》。主要包括了广大人民群众应知应懂、实际实用的法律法规。为了辅导学习，附录还收入了相应法律法规的条例准则、实施细则、解读解答、案例分析等；同时为了突出法律法规的实际实用特点，兼顾地方性和特殊性，附录还收入了部分某些地方性法律法规以及非法律法规的政策文件、管理制度、应用表格等内容，拓展了本书的知识范围，使法律法规更"接地气"，便于读者学习掌握和实际应用。

在众多法律法规中，我们通过甄别，淘汰了废止的，精选了最新的、权威的和全面的。但有部分法律法规有些条款不适应当下情况了，却没有颁布新的，我们又不能擅自改动，只得保留原有条款，但附录却有相应的补充修改意见或通知等。众多法律法规根据不同内容和受众特点，经过归类组合，优化配套。整套普法读本非常全面系统，具有很强的学习性、实用性和指导性，非常适合用于广大农村和城乡普法学习教育与实践指导。总之，是全国全民普法的良好读本。

# 目　　录

## 知识产权最新政策

关于禁止滥用知识产权排除、限制竞争行为的规定……（1）
"十三五"国家知识产权保护和运用规划……（8）
国务院关于新形势下加强打击侵犯知识产权和制售
　假冒伪劣商品工作的意见……（30）
关于知识产权支持小微企业发展的若干意见……（37）

## 卫生知识产权保护管理规定

第一章　总　　则……（42）
第二章　权　　属……（43）
第三章　职　　责……（45）
第四章　管　　理……（46）
第五章　奖　　惩……（49）
第六章　附　　则……（50）

## 国家知识产权试点、示范城市管理办法

第一章　总　　则……（52）
第二章　试点城市的评定……（52）
第三章　试点城市的管理……（54）
第四章　示范城市的评定……（55）
第五章　示范城市的管理……（57）
第六章　附　　则……（58）

## 中华人民共和国著作权法

第一章　总　　则 ……………………………………………（61）
第二章　著作权 ………………………………………………（62）
第三章　著作权许可使用和转让合同 ………………………（68）
第四章　出版、表演、录音录像、播放 ……………………（69）
第五章　法律责任和执法措施 ………………………………（73）
第六章　附　　则 ……………………………………………（76）
附　录
　　中华人民共和国著作权法实施条例 ……………………（77）

## 中华人民共和国专利法

第一章　总　　则 ……………………………………………（85）
第二章　授予专利权的条件 …………………………………（89）
第三章　专利的申请 …………………………………………（90）
第四章　专利申请的审查和批准 ……………………………（92）
第五章　专利权的期限、终止和无效 ………………………（93）
第六章　专利实施的强制许可 ………………………………（95）
第七章　专利权的保护 ………………………………………（96）
第八章　附　　则 ……………………………………………（101）
附　录
　　中华人民共和国专利法实施细则 ………………………（102）

# 知识产权最新政策

## 关于禁止滥用知识产权排除、限制竞争行为的规定

国家工商行政管理总局令

第 74 号

《关于禁止滥用知识产权排除、限制竞争行为的规定》已经国家工商行政管理总局局务会议审议通过,现予公布,自 2015 年 8 月 1 日起施行。

国家工商行政管理总局局长
2015 年 4 月 7 日

**第一条** 为了保护市场公平竞争和激励创新,制止经营者滥用知识产权排除、限制竞争的行为,根据《中华人民共和国反垄断法》(以下简称《反垄断法》),制定本规定。

**第二条** 反垄断与保护知识产权具有共同的目标,即促进竞争

和创新，提高经济运行效率，维护消费者利益和社会公共利益。

经营者依照有关知识产权的法律、行政法规规定行使知识产权的行为，不适用《反垄断法》；但是，经营者滥用知识产权，排除、限制竞争的行为，适用《反垄断法》。

**第三条** 本规定所称滥用知识产权排除、限制竞争行为，是指经营者违反《反垄断法》的规定行使知识产权，实施垄断协议、滥用市场支配地位等垄断行为（价格垄断行为除外）。

本规定所称相关市场，包括相关商品市场和相关地域市场，依据《反垄断法》和《国务院反垄断委员会关于相关市场界定的指南》进行界定，并考虑知识产权、创新等因素的影响。在涉及知识产权许可等反垄断执法工作中，相关商品市场可以是技术市场，也可以是含有特定知识产权的产品市场。相关技术市场是指由行使知识产权所涉及的技术和可以相互替代的同类技术之间相互竞争所构成的市场。

**第四条** 经营者之间不得利用行使知识产权的方式达成《反垄断法》第十三条、第十四条所禁止的垄断协议。但是，经营者能够证明所达成的协议符合《反垄断法》第十五条规定的除外。

**第五条** 经营者行使知识产权的行为有下列情形之一的，可以不被认定为《反垄断法》第十三条第一款第六项和第十四条第三项所禁止的垄断协议，但是有相反的证据证明该协议具有排除、限制竞争效果的除外：

（一）具有竞争关系的经营者在受其行为影响的相关市场上的市场份额合计不超过百分之二十，或者在相关市场上存在至少四个可以以合理成本得到的其他独立控制的替代性技术；

（二）经营者与交易相对人在相关市场上的市场份额均不超过百分之三十，或者在相关市场上存在至少两个可以以合理成本得到的其他独立控制的替代性技术。

**第六条** 具有市场支配地位的经营者不得在行使知识产权的过程中滥用市场支配地位，排除、限制竞争。

市场支配地位根据《反垄断法》第十八条和第十九条的规定进行认定和推定。经营者拥有知识产权可以构成认定其市场支配地位的因素之一，但不能仅根据经营者拥有知识产权推定其在相关市场上具有市场支配地位。

**第七条** 具有市场支配地位的经营者没有正当理由，不得在其知识产权构成生产经营活动必需设施的情况下，拒绝许可其他经营者以合理条件使用该知识产权，排除、限制竞争。

认定前款行为需要同时考虑下列因素：

（一）该项知识产权在相关市场上不能被合理替代，为其他经营者参与相关市场的竞争所必需；

（二）拒绝许可该知识产权将会导致相关市场上的竞争或者创新受到不利影响，损害消费者利益或者公共利益；

（三）许可该知识产权对该经营者不会造成不合理的损害。

**第八条** 具有市场支配地位的经营者没有正当理由，不得在行使知识产权的过程中，实施下列限定交易行为，排除、限制竞争：

（一）限定交易相对人只能与其进行交易；

（二）限定交易相对人只能与其指定的经营者进行交易。

**第九条** 具有市场支配地位的经营者没有正当理由，不得在行使知识产权的过程中，实施同时符合下列条件的搭售行为，排除、限制竞争：

（一）违背交易惯例、消费习惯等或者无视商品的功能，将不同商品强制捆绑销售或者组合销售；

（二）实施搭售行为使该经营者将其在搭售品市场的支配地位延伸到被搭售品市场，排除、限制了其他经营者在搭售品或者被搭售品市场上的竞争。

第十条 具有市场支配地位的经营者没有正当理由，不得在行使知识产权的过程中，实施下列附加不合理限制条件的行为，排除、限制竞争：

（一）要求交易相对人将其改进的技术进行独占性的回授；

（二）禁止交易相对人对其知识产权的有效性提出质疑；

（三）限制交易相对人在许可协议期限届满后，在不侵犯知识产权的情况下利用竞争性的商品或者技术；

（四）对保护期已经届满或者被认定无效的知识产权继续行使权利；

（五）禁止交易相对人与第三方进行交易；

（六）对交易相对人附加其他不合理的限制条件。

第十一条 具有市场支配地位的经营者没有正当理由，不得在行使知识产权的过程中，对条件相同的交易相对人实行差别待遇，排除、限制竞争。

第十二条 经营者不得在行使知识产权的过程中，利用专利联营从事排除、限制竞争的行为。

专利联营的成员不得利用专利联营交换产量、市场划分等有关竞争的敏感信息，达成《反垄断法》第十三条、第十四条所禁止的垄断协议。但是，经营者能够证明所达成的协议符合《反垄断法》第十五条规定的除外。

具有市场支配地位的专利联营管理组织没有正当理由，不得利用专利联营实施下列滥用市场支配地位的行为，排除、限制竞争：

（一）限制联营成员在联营之外作为独立许可人许可专利；

（二）限制联营成员或者被许可人独立或者与第三方联合研发与联营专利相竞争的技术；

（三）强迫被许可人将其改进或者研发的技术独占性地回授给专利联营管理组织或者联营成员；

（四）禁止被许可人质疑联营专利的有效性；

（五）对条件相同的联营成员或者同一相关市场的被许可人在交易条件上实行差别待遇；

（六）国家工商行政管理总局认定的其他滥用市场支配地位行为。

本规定所称专利联营，是指两个或者两个以上的专利权人通过某种形式将各自拥有的专利共同许可给第三方的协议安排。其形式可以是为此目的成立的专门合资公司，也可以是委托某一联营成员或者某独立的第三方进行管理。

第十三条　经营者不得在行使知识产权的过程中，利用标准（含国家技术规范的强制性要求，下同）的制定和实施从事排除、限制竞争的行为。

具有市场支配地位的经营者没有正当理由，不得在标准的制定和实施过程中实施下列排除、限制竞争行为：

（一）在参与标准制定的过程中，故意不向标准制定组织披露其权利信息，或者明确放弃其权利，但是在某项标准涉及该专利后却对该标准的实施者主张其专利权。

（二）在其专利成为标准必要专利后，违背公平、合理和无歧视原则，实施拒绝许可、搭售商品或者在交易时附加其他的不合理交易条件等排除、限制竞争的行为。

本规定所称标准必要专利，是指实施该项标准所必不可少的专利。

第十四条　经营者涉嫌滥用知识产权排除、限制竞争行为的，工商行政管理机关依据《反垄断法》和《工商行政管理机关查处垄断协议、滥用市场支配地位案件程序规定》进行调查。

第十五条　分析认定经营者涉嫌滥用知识产权排除、限制竞争行为，可以采取以下步骤：

（一）确定经营者行使知识产权行为的性质和表现形式；

（二）确定行使知识产权的经营者之间相互关系的性质；

（三）界定行使知识产权所涉及的相关市场；

（四）认定行使知识产权的经营者的市场地位；

（五）分析经营者行使知识产权的行为对相关市场竞争的影响。

分析认定经营者之间关系的性质需要考虑行使知识产权行为本身的特点。在涉及知识产权许可的情况下，原本具有竞争关系的经营者之间在许可合同中是交易关系，而在许可人和被许可人都利用该知识产权生产产品的市场上则又是竞争关系。但是，如果当事人之间在订立许可协议时不是竞争关系，在协议订立之后才产生竞争关系的，则仍然不视为竞争者之间的协议，除非原协议发生实质性的变更。

第十六条　分析认定经营者行使知识产权的行为对竞争的影响，应当考虑下列因素：

（一）经营者与交易相对人的市场地位；

（二）相关市场的市场集中度；

（三）进入相关市场的难易程度；

（四）产业惯例与产业的发展阶段；

（五）在产量、区域、消费者等方面进行限制的时间和效力范围；

（六）对促进创新和技术推广的影响；

（七）经营者的创新能力和技术变化的速度；

（八）与认定行使知识产权的行为对竞争影响有关的其他因素。

第十七条　经营者滥用知识产权排除、限制竞争的行为构成垄断协议的，由工商行政管理机关责令停止违法行为，没收违法所得，并处上一年度销售额百分之一以上百分之十以下的罚款；尚未实施所达成的垄断协议的，可以处五十万元以下的罚款。

经营者滥用知识产权排除、限制竞争的行为构成滥用市场支配地位的，由工商行政管理机关责令停止违法行为，没收违法所得，并处上一年度销售额百分之一以上百分之十以下的罚款。

工商行政管理机关确定具体罚款数额时，应当考虑违法行为的性质、情节、程度、持续的时间等因素。

**第十八条** 本规定由国家工商行政管理总局负责解释。

**第十九条** 本规定自 2015 年 8 月 1 日起施行。

# "十三五"国家知识产权保护和运用规划

国务院关于印发
"十三五"国家知识产权保护和运用规划的通知
国发〔2016〕86号

各省、自治区、直辖市人民政府,国务院各部委、各直属机构:

现将《"十三五"国家知识产权保护和运用规划》印发给你们,请认真贯彻执行。

国务院
2016年12月30日

为贯彻落实党中央、国务院关于知识产权工作的一系列重要部署,全面深入实施《国务院关于新形势下加快知识产权强国建设的若干意见》(国发〔2015〕71号),提升知识产权保护和运用水平,依据《中华人民共和国国民经济和社会发展第十三个五年规划纲要》,制定本规划。

一、规划背景

"十二五"时期,各地区、各相关部门深入实施国家知识产权战略,促进知识产权工作融入经济社会发展大局,为创新驱动发展提供了有力支撑,进一步巩固了我国的知识产权大国地位。发明专利申请量和商标注册量稳居世界首位。与"十一五"末相比,每万人口发明专利拥有量达到6.3件,增长了3倍;每万市场主体的平均有效商标拥有量达到1335件,增长了34.2%;通过《专利合作条约》途径提交的专利申请量（以下称 PCT 专利申请量）达到 3 万件，增长了 2.4 倍，跻身世界前三位；植物新品种申请量居世界第二位；全国作品登记数量和计算机软件著作权登记量分别增长 95.9%和 282.5%；地理标志、集成电路布图设计等注册登记数量大幅增加。知识产权制度进一步健全，知识产权创造、运用、保护、管理和服务的政策措施更加完善，专业人才队伍不断壮大。市场主体知识产权综合运用能力明显提高，国际合作水平显著提升，形成了一批具有国际竞争力的知识产权优势企业。知识产权质押融资额达到 3289 亿元，年均增长 38%。专利、商标许可备案分别达到 4 万件、14.7 万件，版权产业对国民经济增长的贡献率超过 7%。知识产权司法保护体系不断完善，在北京、上海和广州相继设立知识产权法院，民事、刑事、行政案件的"三合一"审理机制改革试点基本完成，司法裁判标准更加细致完备，司法保护能力与水平不断提升。知识产权行政保护不断加强，全国共查处专利侵权假冒案件 8.7 万件，商标权、商业秘密和其他销售假冒伪劣商品等侵权假冒案件 32.2 万件，侵权盗版案件 3.5 万件。全社会知识产权意识得到普遍增强。

同时，我国知识产权数量与质量不协调、区域发展不平衡、保护还不够严格等问题依然突出。核心专利、知名品牌、精品版权较少，布局还不合理。与经济发展融合还不够紧密，转移转化效益还不够高，影响企业知识产权竞争能力提升。侵权易发多发，维权仍面临举证难、成本高、赔偿低等问题，影响创新创业热情。管理体制机制还不够完善，国际交流合作深度与广度还有待进一步拓展。

"十三五"时期是我国由知识产权大国向知识产权强国迈进的战略机遇期。国际知识产权竞争更加激烈。我国经济发展进入速度变化、结构优化、动力转换的新常态。知识产权作为科技成果向现实生产力转化的重要桥梁和纽带，激励创新的基本保障作用更加突出。各地区、各相关部门要准确把握新形势新特点，深化知识产权领域改革，破除制约知识产权发展的障碍，全面提高知识产权治理能力，推动知识产权事业取得突破性进展，为促进经济提质增效升级提供有力支撑。

二、指导思想、基本原则和发展目标

（一）指导思想。全面贯彻党的十八大和十八届三中、四中、五中、六中全会精神，以邓小平理论、"三个代表"重要思想、科学发展观为指导，深入贯彻习近平总书记系列重要讲话精神，紧紧围绕统筹推进"五位一体"总体布局和协调推进"四个全面"战略布局，牢固树立和贯彻落实创新、协调、绿色、开放、共享的发展理念，认真落实党中央、国务院决策部署，以供给侧结构性改革为主线，深入实施国家知识产权战略，深化知识产权领域改革，打通知识产权创造、运用、保护、管理和服务的全链条，严格知识产权保护，加强知识产权运用，提升知识产权质量和效益，扩大知识产权国际影响力，加快建设中国特色、世界水平的知识产权强国，为实现"两个一百年"奋斗目标和中华民族伟大复兴的中国梦提供更加有力的支撑。

（二）基本原则。

坚持创新引领。推动知识产权领域理论、制度、文化创新，探索知识产权工作新理念和新模式，厚植知识产权发展新优势，保障创新者的合法权益，激发全社会创新创造热情，培育经济发展新动能。

坚持统筹协调。加强知识产权工作统筹，推进知识产权与产业、科技、环保、金融、贸易以及军民融合等政策的衔接。做好分类指导和区域布局，坚持总体提升与重点突破相结合，推动知识产权事业全面、协调、可持续发展。

坚持绿色发展。加强知识产权资源布局，优化知识产权法律环境、政策环境、社会环境和产业生态，推进传统制造业绿色改造，促进产业低碳循环发展，推动资源利用节约高效、生态环境持续改善。

坚持开放共享。统筹国内国际两个大局，加强内外联动，增加公共产品和公共服务有效供给，强化知识产权基础信息互联互通和传播利用，积极参与知识产权全球治理，推动国际知识产权制度向普惠包容、平衡有效的方向发展，持续提升国际影响力和竞争力。

（三）发展目标。

到2020年，知识产权战略行动计划目标如期完成，知识产权重要领域和关键环节的改革取得决定性成果，保护和运用能力得到大幅提升，建成一批知识产权强省、强市，为促进大众创业、万众创新提供有力保障，为建设知识产权强国奠定坚实基础。

——知识产权保护环境显著改善。知识产权法治环境显著优化，法律法规进一步健全，权益分配更加合理，执法保护体系更加健全，市场监管水平明显提升，保护状况社会满意度大幅提高。知识产权市场支撑环境全面优化，服务业规模和水平较好地满足市场需求，形成"尊重知识、崇尚创新、诚信守法"的文化氛围。

——知识产权运用效益充分显现。知识产权的市场价值显著提高，产业化水平全面提升，知识产权密集型产业占国内生产总值（GDP）比重明显提高，成为经济增长新动能。知识产权交易运营更加活跃，技术、资金、人才等创新要素以知识产权为纽带实现合理流动，带动社会就业岗位显著增加，知识产权国际贸易更加活跃，海外市场利益得到有效维护，形成支撑创新发展的运行机制。

——知识产权综合能力大幅提升。知识产权拥有量进一步提高，核心专利、知名品牌、精品版权、优秀集成电路布图设计、优良植物新品种等优质资源大幅增加。行政管理能力明显提升，基本形成权界清晰、分工合理、责权一致、运转高效、法治保障的知识产权体制机制。专业人才队伍数量充足、素质优良、结构合理。构建知识产权运营公共服务平台体系，建成便民利民的知识产权信息公共服务平台。知识产权运营、金融等业态发育更加成熟，资本化、商品化和产业化的渠道进一步畅通，市场竞争能力大幅提升，形成更多具有国际影响力的知识产权优势企业。国际事务处理能力不断提高，国际影响力进一步提升。

"十三五"知识产权保护和运用主要指标

| 指标 | 2015年 | 2020年 | 累计增加值 | 属性 |
| --- | --- | --- | --- | --- |
| 每万人口发明专利拥有量（件） | 6.3 | 12 | 5.7 | 预期性 |
| PCT专利申请量（万件） | 3 | 6 | 3 | 预期性 |
| 植物新品种申请总量（万件） | 1.7 | 2.5 | 0.8 | 预期性 |
| 全国作品登记数量（万件） | 135 | 220 | 85 | 预期性 |
| 年度知识产权质押融资金额（亿元） | 750 | 1800 | 1050 | 预期性 |
| 计算机软件著作权登记数量（万件） | 29 | 44 | 15 | 预期性 |
| 规模以上制造业每亿元主营业务收入有效发明专利数（件） | 0.56 | 0.7 | 0.14 | 预期性 |
| 知识产权使用费出口额（亿美元） | 44.4 | 100 | 55.6 | 预期性 |
| 知识产权服务业营业收入年均增长（%） | 20 | 20 | - | 预期性 |
| 知识产权保护社会满意度（分） | 70 | 80 | 10 | 预期性 |

注：知识产权使用费出口额为五年累计值。

三、主要任务

贯彻落实党中央、国务院决策部署，深入实施知识产权战略，深化知识产权领域改革，完善知识产权强国政策体系，全面提升知识产权保护和运用水平，全方位多层次加快知识产权强国建设。

（一）深化知识产权领域改革。积极研究探索知识产权管理体制机制改革，努力在重点领域和关键环节取得突破性成果。支持地方开展知识产权综合管理改革试点。建立以知识产权为重要内容的创新驱动评价体系，推动知识产权产品纳入国民经济核算，将知识产权指标纳入国民经济和社会发展考核体系。推进简政放权，简化和优化知识产权审查和注册流程。放宽知识产权服务业准入，扩大代理领域开放程度，放宽对专利代理机构股东和合伙人的条件限制。加快知识产权权益分配改革，完善有利于激励创新的知识产权归属制度，构建提升创新效率和效益的知识产权导向机制。

（二）严格实行知识产权保护。加快知识产权法律、法规、司法解释的制修订，构建包括司法审判、刑事司法、行政执法、快速维权、仲裁调解、行业自律、社会监督的知识产权保护工作格局。充分发挥全国打击侵犯知识产权和制售假冒伪劣商品工作领导小组作用，调动各方积极性，形成工作合力。以充分实现知识产权的市场价值为指引，进一步加大损害赔偿力度。推进诉讼诚信建设，依法严厉打击侵犯知识产权犯罪。强化行政执法，改进执法方式，提高执法效率，加大对制假源头、重复侵权、恶意侵权、群体侵权的查处力度，为创新者提供更便利的维权渠道。加强商标品牌保护，提高消费品商标公共服务水平。规范有效保护商业秘密。持续推进政府机关和企业软件正版化工作。健全知识产权纠纷的争议仲裁和快速调解制度。充分发挥行业组织的自律作用，引导企业强化主体责任。深化知识产权保护的区域协作和国际合作。

（三）促进知识产权高效运用。突出知识产权在科技创新、新兴产业培育方面的引领作用，大力发展知识产权密集型产业，完善专利导航产业发展工作机制，深入开展知识产权评议工作。加大高技术含量知识产权转移转化力度。创新知识产权运营模式和服务产品。完善科研开发与管理机构的知识产权管理制度，探索建立知识产权专员派驻机制。建立健全知识产权服务标准，完善知识产权服务体系。完善"知识产权+金融"服务机制，深入推进质押融资风险补偿试点。推动产业集群品牌的注册和保护，开展产业集群、品牌基地、地理标志、知识产权服务业集聚区培育试点示范工作。推动军民知识产权转移转化，促进军民融合深度发展。

四、重点工作

(一)完善知识产权法律制度。

1. 加快知识产权法律法规建设。加快推动专利法、著作权法、反不正当竞争法及配套法规、植物新品种保护条例等法律法规的制修订工作。适时做好地理标志立法工作，健全遗传资源、传统知识、民间文艺、中医药、新闻作品、广播电视节目等领域法律制度。完善职务发明制度和规制知识产权滥用行为的法律制度，健全国防领域知识产权法规政策。

2. 健全知识产权相关法律制度。研究完善商业模式和实用艺术品等知识产权保护制度。研究"互联网+"、电子商务、大数据等新业态、新领域知识产权保护规则。研究新媒体条件下的新闻作品版权保护。研究实质性派生品种保护制度。制定关于滥用知识产权的反垄断指南。完善商业秘密保护法律制度，明确商业秘密和侵权行为界定，探索建立诉前保护制度。

**专栏1　知识产权法律完善工程**

推动修订完善知识产权法律、法规和部门规章。配合全国人大常委会完成专利法第四次全面修改。推进著作权法第三次修改。根据专利法、著作权法修改进度适时推进专利法实施细则、专利审查指南、著作权法实施条例等配套法规和部门规章的修订。完成专利代理条例和国防专利条例修订。

支持开展立法研究。组织研究制定知识产权基础性法律的必要性和可行性。研究在民事基础性法律中进一步明确知识产权制度的基本原则、一般规则及重要概念。研究开展反不正当竞争法、知识产权海关保护条例、生物遗传资源获取管理条例以及中医药等领域知识产权保护相关法律法规制修订工作。

（二）提升知识产权保护水平。

1. 发挥知识产权司法保护作用。推动知识产权领域的司法体制改革，构建公正高效的知识产权司法保护体系，形成资源优化、科学运行、高效权威的知识产权综合审判体系，推进知识产权民事、刑事、行政案件的"三合一"审理机制，努力为知识产权权利人提供全方位和系统有效的保护，维护知识产权司法保护的稳定性、导向性、终局性和权威性。进一步发挥司法审查和司法监督职能。加强知识产权"双轨制"保护，发挥司法保护的主导作用，完善行政执法和司法保护两条途径优势互补、有机衔接的知识产权保护模式。加大对知识产权侵权行为的惩治力度，研究提高知识产权侵权法定赔偿上限，针对情节严重的恶意侵权行为实施惩罚性赔偿并由侵权人承担实际发生的合理开支。积极开展知识产权民事侵权诉讼程序与无效程序协调的研究。及时、有效做好知识产权司法救济工作。支持开展知识产权司法保护对外合作。

2. 强化知识产权刑事保护。完善常态化打防工作格局，进一步优化全程打击策略，全链条惩治侵权假冒犯罪。深化行政执法部门间的协作配合，探索使用专业技术手段，提升信息应用能力和数据运用水平，完善与电子商务企业协作机制。加强打假专业队伍能力建设。深化国际执法合作，加大涉外知识产权犯罪案件侦办力度，围绕重点案件开展跨国联合执法行动。

3. 加强知识产权行政执法体系建设。加强知识产权行政执法能力建设，统一执法标准，完善执法程序，提高执法专业化、信息化、规范化水平。完善知识产权联合执法和跨地区执法协作机制，积极开展执法专项行动，重点查办跨区域、大规模和社会反映强烈的侵权案件。建立完善专利、版权线上执法办案系统。完善打击侵权假冒商品的举报投诉机制。创新知识产权快速维权工作机制。完善知识产权行政执法监督，加强执法维权绩效管理。加大展会知识产权保护力度。加强严格知识产权保护的绩效评价,持续开展知识产权保护社会满意度调查。建立知识产权纠纷多元解决机制,加强知识产权仲裁机构和纠纷调解机构建设。

4. 强化进出口贸易知识产权保护。落实对外贸易法中知识产权保护相关规定,适时出台与进出口贸易相关的知识产权保护政策。改进知识产权海关保护执法体系,加大对优势领域和新业态、新领域创新成果的知识产权海关保护力度。完善自由贸易试验区、海关特殊监管区内货物及过境、转运、通运货物的知识产权海关保护执法程序,在确保有效监管的前提下促进贸易便利。坚持专项整治、丰富执法手段、完善运行机制,提高打击侵权假冒执行力度,突出打击互联网领域跨境电子商务侵权假冒违法活动。加强国内、国际执法合作,完善从生产源头到流通渠道、消费终端的全链条式管理。

5. 强化传统优势领域知识产权保护。开展遗传资源、传统知识和民间文艺等知识产权资源调查。制定非物质文化遗产知识产权工作指南,加强对优秀传统知识资源的保护和运用。完善传统知识和民间文艺登记、注册机制,鼓励社会资本发起设立传统知识、民间文艺保护和发展基金。研究完善中国遗传资源保护利用制度,建立生物遗传资源获取的信息披露、事先知情同意和惠益分享制度。探索构建中医药知识产权综合保护体系,建立医药传统知识保护名录。建立民间文艺作品的使用保护制度。

6. 加强新领域新业态知识产权保护。加大宽带移动互联网、云计算、物联网、大数据、高性能计算、移动智能终端等领域的知识产权保护力度。强化在线监测,深入开展打击网络侵权假冒行为专项行动。加强对网络服务商传播影视剧、广播电视节目、音乐、文学、新闻、软件、游戏等监督管理工作,积极推进网络知识产权保护协作,将知识产权执法职责与电子商务企业的管理责任结合起来,建立信息报送、线索共享、案件研判和专业培训合作机制。

7. 加强民生领域知识产权保护。加大对食品、药品、环境等领域的知识产权保护力度，健全侵权假冒快速处理机制。建立健全创新药物、新型疫苗、先进医疗装备等领域的知识产权保护长效工作机制。加强污染治理和资源循环利用等生态环保领域的专利保护力度。开展知识产权保护进乡村专项行动，建立县域及乡镇部门协作执法机制和重大案件联合督办制度，加强农村市场知识产权行政执法条件建设。针对电子、建材、汽车配件、小五金、食品、农资等专业市场，加大对侵权假冒商品的打击力度，严堵侵权假冒商品的流通渠道。

**专栏2　知识产权保护工程**

开展系列专项行动。重点打击侵犯注册商标专用权、擅自使用他人知名商品特有名称包装装潢、冒用他人企业名称或姓名等仿冒侵权违法行为。针对重点领域开展打击侵权盗版专项行动，突出大案要案查处、重点行业专项治理和网络盗版监管，持续开展"红盾网剑"、"剑网"专项行动，严厉打击网络侵权假冒等违法行为。开展打击侵犯植物新品种权和制售假劣种子行为专项行动。

推进跨部门跨领域跨区域执法协作。加大涉嫌犯罪案件移交工作力度。开展与相关国际组织和境外执法部门的联合执法。加强大型商场、展会、电子商务、进出口等领域知识产权执法维权工作。

加强"12330"维权援助与举报投诉体系建设。强化"12330"平台建设，拓展维权援助服务渠道。提升平台服务质量，深入对接产业联盟、行业协会。

完善知识产权快速维权机制。加快推进知识产权快速维权中心建设，提升工作质量与效率。推进快速维权领域由单一行业向多行业扩展、类别由外观设计向实用新型专利和发明专利扩展、区域由特定地区向省域辐射，在特色产业集聚区和重点行业建立一批知识产权快速维权中心。

推进知识产权领域信用体系建设。推进侵权纠纷案件信息公示工作，严格执行公示标准。将故意侵权行为纳入社会信用评价体系，明确专利侵权等信用信息的采集规则和使用方式，向征信机构公开相关信息。积极推动建立知识产权领域信用联合惩戒机制。

（三）提高知识产权质量效益。

1. 提高专利质量效益。建立专利申请质量监管机制。深化专利代理领域改革。健全专利审查质量管理机制。优化专利审查流程与方式。完善专利审查协作机制。继续深化专利审查业务国际合作，拓展"专利审查高速路"国际合作网络。加快建设世界一流专利审查机构。加强专利活动与经济效益之间的关联评价。完善专利奖的评审与激励政策，发挥专利奖标杆引领作用。

**专栏 3  专利质量提升工程**

> 提升发明创造和专利申请质量。在知识产权强省、强市建设和有关试点示范工作中强化专利质量评价和引导。建立专利申请诚信档案，持续开展专利申请质量监测与反馈。
>
> 提升专利审查质量。加强审查业务指导体系和审查质量保障体系建设。完善绿色技术专利申请优先审查机制。做好基于审查资源的社会服务工作。构建专利审查指南修订常态化机制。改进审查周期管理，满足创新主体多样化需求。加强与行业协会、代理人、申请人的沟通，形成快捷高效的外部质量反馈机制，提高社会满意度。加大支撑专利审查的信息化基础设施建设。
>
> 提升专利代理质量。深化专利代理领域"放管服"改革，提高行业管理水平。强化竞争机制和行业自律，加大对代理机构和代理人的执业诚信信息披露力度。针对专利代理机构的代理质量构建反馈、评价、约谈、惩戒机制。
>
> 提升专利运用和保护水平。加快知识产权运营公共服务平台体系建设，为专利转移转化、收购托管、交易流转、质押融资、专利导航等提供平台支撑，提高专利运用效益。制定出台相关政策，营造良好的专利保护环境，促进高质量创造和高价值专利实施。

2. 实施商标战略。提升商标注册便利化水平，优化商标审查体系，建立健全便捷高效的商标审查协作机制。提升商标权保护工作效能，为商标建设营造公平竞争的市场环境。创新商标行政指导和服务监管方式，提升企业运用商标制度能力，打造知名品牌。研究建立商标价值评估体系，构建商标与国民生产总值、就业规模等经济指标相融合的指标体系。建立国家商标信息库。

3. 打造精品版权。全面完善版权社会服务体系，发挥版权社会服务机构的作用。推动版权资产管理制度建设。建立版权贸易基地、交易中心工作协调机制。充分发挥全国版权示范城市、单位、园区（基地）的示范引导作用。打造一批规模化、集约化、专业化的版权企业，带动版权产业健康快速发展。鼓励形成一批拥有精品品牌的广播影视播映和制作经营机构，打造精品影视节目版权和版权产业链。鼓励文化领域商业模式创新，大力发展版权代理和版权经纪业务，促进版权产业和市场的发展。

4. 加强地理标志、植物新品种和集成电路布图设计等领域知识产权工作。建立地理标志联合认定机制，加强我国地理标志在海外市场注册和保护工作。推动建立统筹协调的植物新品种管理机制，推进植物新品种测试体系建设，加快制定植物新品种测试指南，提高审查测试水平。加强种子企业与高校、科研机构的协作创新，建立授权植物新品种的基因图谱数据库，为维权取证和执法提供技术支撑。完善集成电路布图设计保护制度，优化集成电路布图设计的登记和撤销程序，充分发挥集成电路布图设计制度的作用，促进集成电路产业升级发展。

（四）加强知识产权强省、强市建设。

1. 建成一批知识产权强省、强市。推进引领型、支撑型、特色型知识产权强省建设，发挥知识产权强省的示范带动作用。深入开展知识产权试点示范工作，可在国家知识产权示范城市、全国版权示范城市等基础上建成一批布局合理、特色明显的知识产权强市。进一步探索建设适合国情的县域知识产权工作机制。

2. 促进区域知识产权协调发展。推动开展知识产权区域布局试点，形成以知识产权资源为核心的配置导向目录，推进区域知识产权资源配置和政策优化调整。支持西部地区改善创新环境,加快知识产权发展,提升企业事业单位知识产权创造运用水平。制定实施支持东北地区等老工业基地振兴的知识产权政策,推动东北地区等老工业基地传统制造业转型升级。提升中部地区特色优势产业的知识产权水平。支持东部地区在知识产权运用方面积极探索、率先发展,培育若干带动区域知识产权协同发展的增长极。推动京津冀知识产权保护一体、运用协同、服务共享,促进创新要素自由合理流动。推进长江经济带知识产权建设,引导产业优化布局和分工协作。

3. 做好知识产权领域扶贫工作。加大对边远地区传统知识、遗传资源、民间文艺、中医药等领域知识产权的保护与运用力度。利用知识产权人才优势、技术优势和信息优势进一步开发地理标志产品,加强植物新品种保护,引导注册地理标志商标,推广应用涉农专利技术。开展知识产权富民工作,推进实施商标富农工程,充分发挥农产品商标和地理标志在农业产业化中的作用,培育一批知识产权扶贫精品项目。支持革命老区、民族地区、边疆地区、贫困地区加强知识产权机构建设,提升知识产权数量和保护水平。

(五)加快知识产权强企建设。

1. 提升企业知识产权综合能力。推行企业知识产权管理国家标准,在生产经营、科技创新中加强知识产权全过程管理。完善知识产权认证制度,探索建立知识产权管理体系认证结果的国际互认机制。推动开展知识产权协同运用,鼓励和支持大型企业开展知识产权评议工作,在重点领域合作中开展知识产权评估、收购、运营、风险预警与应对。切实增强企业知识产权意识,支持企业加大知识产权投入,提高竞争力。

2. 培育知识产权优势企业。出台知识产权优势企业建设指南,推动建立企业知识产权服务机制,引导优质服务力量助力企业形成知识产权竞争优势。出台知识产权示范企业培育指导性文件，提升企业知识产权战略管理能力、市场竞争力和行业影响力。

3. 完善知识产权强企工作支撑体系。完善知识产权资产的财务、评估等管理制度及相关会计准则，引导企业发布知识产权经营报告书。提升企业知识产权资产管理能力，推动企业在并购重组、股权激励、对外投资等活动中的知识产权资产管理。加强政府、企业和社会的协作，引导企业开展形式多样的知识产权资本化运作。

专栏4　知识产权强企工程

> 推行企业知识产权管理规范。建立政策引导、咨询服务和第三方认证体系。培养企业知识产权管理专业化人才队伍。
> 
> 制定知识产权强企建设方案。建立分类指导的政策体系，塑造企业示范典型，培育一批具备国际竞争优势的知识产权领军企业。实施中小企业知识产权战略推进工程，加大知识产权保护援助力度，构建服务支撑体系，扶持中小企业创新发展。
> 
> 鼓励企业国际化发展。引导企业开展海外知识产权布局。发挥知识产权联盟作用，鼓励企业将专利转化为国际标准。促进知识产权管理体系标准、认证国际化。

（六）推动产业升级发展。

1. 推动专利导航产业发展。深入实施专利导航试点工程，引导产业创新发展，开展产业知识产权全球战略布局，助推产业提质增效升级。面向战略性新兴产业，在新材料、生物医药、物联网、新能源、高端装备制造等领域实施一批产业规划类和企业运营类专利导航项目。在全面创新改革试验区、自由贸易试验区、中外合作产业园区、知识产权试点示范园区等重点区域，推动建立专利导航产业发展工作机制。

2. 完善"中国制造"知识产权布局。围绕"中国制造2025"的重点领域和"互联网+"行动的关键环节，形成一批产业关键核心共性技术知识产权。实施制造业知识产权协同运用推进工程，在制造业创新中心建设等重大工程实施中支持骨干企业、高校、科研院所协同创新、联合研发，形成一批产业化导向的专利组合，强化创新成果转化运用。

3. 促进知识产权密集型产业发展。制定知识产权密集型产业目录和发展规划，发布知识产权密集型产业的发展态势报告。运用股权投资基金等市场化方式，引导社会资金投入知识产权密集型产业。加大政府采购对知识产权密集型产品的支持力度。鼓励有条件的地区发展知识产权密集型产业集聚区，构建优势互补的产业协调发展格局。建设一批高增长、高收益的知识产权密集型产业，促进产业提质增效升级。

4. 支持产业知识产权联盟发展。鼓励组建产业知识产权联盟，开展联盟备案管理和服务，建立重点产业联盟管理库，对联盟发展状况进行评议监测和分类指导。支持成立知识产权服务联盟。属于社会组织的，依法履行登记手续。支持联盟构筑和运营产业专利池，推动形成标准必要专利，建立重点产业知识产权侵权监控和风险应对机制。鼓励社会资本设立知识产权产业化专项基金，充分发挥重点产业知识产权运营基金作用，提高产业知识产权运营水平与国际竞争力，保障产业技术安全。

5. 深化知识产权评议工作。实施知识产权评议工程，研究制定相关政策。围绕国家重大产业规划、政府重大投资项目等开展知识产权评议，积极探索重大科技经济活动知识产权评议试点。建立国家科技计划（专项、基金等）知识产权目标评估制度。加强知识产权评议专业机构建设和人才培养，积极推动评议成果运用，建立重点领域评议报告发布机制。推动制定评议服务相关标准。鼓励和支持行业骨干企业与专业机构在重点领域合作开展评议工作，提高创新效率，防范知识产权风险。

专栏5　知识产权评议工程

> 推进重点领域知识产权评议工作。加强知识产权主管部门与产业主管部门间的沟通协作，围绕国家科技重大专项以及战略性新兴产业，针对高端通用芯片、高档数控机床、集成电路装备、宽带移动通信、油气田、核电站、水污染治理、转基因生物新品种、新药创制、传染病防治等领域的关键核心技术深入开展知识产权评议工作，及时提供或发布评议报告。
> 提升知识产权评议能力。制定发布重大经济活动评议指导手册和分类评议实务指引，规范评议范围和程序。实施评议能力提升计划，支持开发评议工具，培养一批评议人才。
> 培育知识产权评议服务力量。培育知识产权评议服务示范机构，加强服务供需对接。推动评议服务行业组织建设，支持制定评议服务标准，鼓励联盟实施行业自律。加强评议服务机构国际交流，拓展服务空间。

6. 推动军民知识产权转移转化。加强国防知识产权保护，完善国防知识产权归属与利益分配机制。制定促进知识产权军民双向转化的指导意见。放开国防知识产权代理服务行业，建立和完善相应的准入退出机制。推动国防知识产权信息平台建设，分类建设国防知识产权信息资源，逐步开放检索。营造有利于军民协同创新、双向转化的国防科技工业知识产权政策环境。建设完善国防科技工业知识产权平台，完成专利信息平台建设，形成更加完善的国防科技工业专利基础数据库。

（七）促进知识产权开放合作。

1. 加强知识产权国际交流合作。进一步加强涉外知识产权事务的统筹协调。加强与经贸相关的多双边知识产权对外谈判、双边知识产权合作磋商机制及国内立场的协调等工作。积极参与知识产权国际规则制定，加快推进保护广播组织条约修订，推动公共健康多哈宣言落实和视听表演北京条约尽快生效，做好我国批准马拉喀什条约相关准备工作。加强与世界知识产权组织、世界贸易组织及相关国际组织的交流合作。拓宽知识产权公共外交渠道。继续巩固发展知识产权多双边合作关系，加强与"一带一路"沿线国家、金砖国家的知识产权交流合作。加强我驻国际组织、主要国家和地区外交机构中涉知识产权事务的人才储备和人力配备。

2. 积极支持创新企业"走出去"。健全企业海外知识产权维权援助体系。鼓励社会资本设立中国企业海外知识产权维权援助服务基金。制定实施应对海外产业重大知识产权纠纷的政策。完善海外知识产权信息服务平台，发布相关国家和地区知识产权制度环境等信息。支持企业广泛开展知识产权跨国交易，推动有自主知识产权的服务和产品"走出去"。继续开展外向型企业海外知识产权保护以及纠纷应对实务培训。

**专栏6　知识产权海外维权工程**

健全风险预警机制。推动企业在人才引进、国际参展、产品和技术进出口、企业并购等活动中开展知识产权风险评估，提高企业应对知识产权纠纷能力。加强对知识产权案件的跟踪研究，及时发布风险提示。

建立海外维权援助机制。加强中国保护知识产权海外维权信息平台建设。发布海外知识产权服务机构和专家名录及案例数据库。建立海外展会知识产权快速维权长效机制，组建海外展会快速维权中心，建立海外展会快速维权与常规维权援助联动的工作机制。

五、重大专项

（一）加强知识产权交易运营体系建设。

1. 完善知识产权运营公共服务平台。发挥中央财政资金引导作用，建设全国知识产权运营公共服务平台，依托文化产权、知识产权等无形资产交易场所开展版权交易，审慎设立版权交易平台。出台有关行业管理规则，加强对知识产权交易运营的业务指导和行业管理。以知识产权运营公共服务平台为基础，推动建立基于互联网、基础统一的知识产权质押登记平台。

2. 创新知识产权金融服务。拓展知识产权质押融资试点内容和工作范围，完善风险管理以及补偿机制，鼓励社会资本发起设立小微企业风险补偿基金。探索开展知识产权证券化和信托业务，支持以知识产权出资入股，在依法合规的前提下开展互联网知识产权金融服务，加强专利价值分析与应用效果评价工作，加快专利价值分析标准化建设。加强对知识产权质押的动态管理。

3. 加强知识产权协同运用。面向行业协会、高校和科研机构深入开展专利协同运用试点，建立订单式发明、投放式创新的专利协同运用机制。培育建设一批产业特色鲜明、优势突出，具有国际影响力的专业化知识产权运营机构。强化行业协会在知识产权联合创造、协同运用、合力保护、共同管理等方面的作用。鼓励高校和科研机构强化知识产权申请、运营权责，加大知识产权转化力度。引导高校院所、企业联合共建专利技术产业化基地。

**专栏7　知识产权投融资服务工程**

　　建设全国知识产权运营公共服务体系。推进知识产权运营交易全过程电子化，积极开展知识产权运营项目管理。加快培育国家专利运营试点企业，加快推进西安知识产权军民融合试点、珠海知识产权金融试点及华北、华南等区域知识产权运营中心建设。

　　深化知识产权投融资工作。优化质押融资服务机制，鼓励有条件的地区建立知识产权保险奖补机制。研究推进知识产权海外侵权责任保险工作。深入开展知识产权质押融资风险补偿基金和重点产业知识产权运营基金试点。探索知识产权证券化，完善知识产权信用担保机制，推动发展投贷联动、投保联动、投债联动等新模式。创新知识产权投融资产品。在全面创新改革试验区引导创业投资基金、股权投资基金加强对知识产权领域的投资。

　　创新管理运行方式。支持探索知识产权创造与运营的众包模式，鼓励金融机构在风险可控和商业可持续的前提下，基于众创、众包、众扶等新模式特点开展金融产品和服务创新，积极发展知识产权质押融资，促进"互联网+"知识产权融合发展。

（二）加强知识产权公共服务体系建设。

1. 提高知识产权公共服务能力。建立健全知识产权公共服务网络，增加知识产权信息公共服务产品供给。推动知识产权基础信息与经济、法律、科技、产业运行等其他信息资源互联互通。实施产业知识产权服务能力提升行动，创新对中小微企业和初创型企业的服务方式。发展"互联网+"知识产权服务等新模式，培育规模化、专业化、市场化、国际化的知识产权服务品牌机构。

2. 建设知识产权信息公共服务平台。实现专利、商标、版权、集成电路布图设计、植物新品种、地理标志以及知识产权诉讼等基础信息资源免费或低成本开放共享。运用云计算、大数据、移动互联网等技术，实现平台知识产权信息统计、整合、推送服务。

**专栏8　知识产权信息公共服务平台建设工程**

建设公共服务网络。制定发布知识产权公共服务事项目录和办事指南。增加知识产权信息服务网点，加强公共图书馆、高校图书馆、科技信息服务机构、行业组织等的知识产权信息服务能力建设。

创建产业服务平台。依托专业机构创建一批布局合理、开放协同、市场化运作的产业知识产权信息公共服务平台，在中心城市、自由贸易试验区、国家自主创新示范区、国家级高新区、国家级经济技术开发区等提供知识产权服务。在众创空间等创新创业平台设置知识产权服务工作站。

整合服务和数据资源。整合知识产权信息资源、创新资源和服务资源，推进实体服务与网络服务协作，促进从研发创意、知识产权化、流通化到产业化的协同创新。建设专利基础数据资源开放平台，免费或低成本扩大专利数据的推广运用。建立财政资助项目形成的知识产权信息和上市企业知识产权信息公开窗口。

3. 建设知识产权服务业集聚区。在自由贸易试验区、国家自主创新示范区、国家级高新区、中外合作产业园区、国家级经济技术开发区等建设一批国家知识产权服务业集聚区。鼓励知识产权服务机构入驻创新创业资源密集区域，提供市场化、专业化的服务，满足创新创业者多样化需求。针对不同区域，加强分类指导，引导知识产权服务资源合理流动，与区域产业深度对接，促进经济提质增效升级。

4. 加强知识产权服务业监管。完善知识产权服务业统计制度，建立服务机构名录库。成立知识产权服务标准化技术组织，推动完善服务标准体系建设，开展标准化试点示范。完善专利代理管理制度，加强事中事后监管。健全知识产权服务诚信信息管理、信用评价和失信惩戒等管理制度，及时披露相关执业信息。研究建立知识产权服务业全国性行业组织。具备条件的地方，可探索开展知识产权服务行业协会组织"一业多会"试点。

（三）加强知识产权人才培育体系建设。

1. 加强知识产权人才培养。加强知识产权相关学科专业建设，支持高等学校在管理学和经济学等学科中增设知识产权专业，支持理工类高校设置知识产权专业。加强知识产权学历教育和非学历继续教育，加强知识产权专业学位教育。构建政府部门、高校和社会相结合的多元知识产权教育培训组织模式，支持行业组织与专业机构合作，加大实务人才培育力度。加强国家知识产权培训基地建设工作，完善师资、教材、远程系统等基础建设。加大对领导干部、企业家和各类创新人才的知识产权培训力度。鼓励高等学校、科研院所开展知识产权国际学术交流，鼓励我国知识产权人才获得海外相应资格证书。推动将知识产权课程纳入各级党校、行政学院培训和选学内容。

2. 优化知识产权人才成长体系。加强知识产权高层次人才队伍建设，加大知识产权管理、运营和专利信息分析等人才培养力度。统筹协调知识产权人才培训、实践和使用，加强知识产权领军人才、国际化专业人才的培养与引进。构建多层次、高水平的知识产权智库体系。探索建立行业协会和企业事业单位专利专员制度。选拔一批知识产权创业导师，加强创新创业指导。

3. 建立人才发现与评价机制。建立人才引进使用中的知识产权鉴定机制，利用知识产权信息发现人才。完善知识产权职业水平评价制度，制定知识产权专业人员能力素质标准。鼓励知识产权服务人才和创新型人才跨界交流和有序流动，防范人才流动法律风险。建立创新人才知识产权维权援助机制。

（四）加强知识产权文化建设。

1. 加大知识产权宣传普及力度。健全知识产权新闻发布制度，拓展信息发布渠道。组织开展全国知识产权宣传周、中国专利周、绿书签、中国国际商标品牌节等重大宣传活动。丰富知识产权宣传普及形式，发挥新媒体传播作用。支持优秀作品创作，推出具有影响力的知识产权题材影视文化作品，弘扬知识产权正能量。

2. 实施知识产权教育推广计划。鼓励知识产权文化和理论研究，加强普及型教育，推出优秀研究成果和普及读物。将知识产权内容全面纳入国家普法教育和全民科学素养提升工作。

**专栏9　知识产权文化建设工程**

　　加强宣传推广。利用新媒体，加强知识产权相关法律法规、典型案例的宣传。讲好中国知识产权故事，推出具有影响力的知识产权主题书籍、影视作品，挖掘报道典型人物和案例。

　　加强普及型教育。开展全国中小学知识产权教育试点示范工作，建立若干知识产权宣传教育示范学校。引导各类学校把知识产权文化建设与学生思想道德建设、校园文化建设、主题教育活动紧密结合，增强学生的知识产权意识和创新意识。

　　繁荣文化和理论研究。鼓励支持教育界、学术界广泛参与知识产权理论体系研究，支持创作兼具社会及经济效益的知识产权普及读物，增强知识产权文化传播的针对性和实效性，支撑和促进中国特色知识产权文化建设。

六、实施保障

（一）加强组织协调。各地区、各相关部门要高度重视，加强组织领导，明确责任分工，结合实际细化落实本规划提出的目标任务，制定专项规划、年度计划和配套政策，推动规划有效落实。加强统筹协调，充分发挥国务院知识产权战略实施工作部际联席会议制度作用，做好规划组织实施工作。全国打击侵犯知识产权和制售假冒伪劣商品工作领导小组要切实加强对打击侵犯知识产权和制售假冒伪劣商品工作的统一组织领导。各相关部门要依法履职，认真贯彻落实本规划要求，密切协作，形成规划实施合力。

（二）加强财力保障。加强财政预算与规划实施的相互衔接协调，各级财政按照现行经费渠道对规划实施予以合理保障，鼓励社会资金投入知识产权各项规划工作，促进知识产权事业发展。统筹各级各部门与知识产权相关的公共资源，突出投入重点，优化支出结构，切实保障重点任务、重大项目的落实。

（三）加强考核评估。各地区、各相关部门要加强对本规划实施情况的动态监测和评估工作。国务院知识产权战略实施工作部际联席会议办公室要会同相关部门按照本规划的部署和要求，建立规划实施情况的评估机制，对各项任务落实情况组织开展监督检查和绩效评估工作，重要情况及时报告国务院。

# 国务院关于新形势下加强打击侵犯知识产权和制售假冒伪劣商品工作的意见

国发〔2017〕14号

各省、自治区、直辖市人民政府，国务院各部委、各直属机构：

为进一步加强打击侵犯知识产权和制售假冒伪劣商品（以下简称侵权假冒）工作，保障国家知识产权战略深入实施，维护公平竞争的市场秩序，完善法治化、国际化、便利化的营商环境，现提出以下意见：

一、总体要求

（一）指导思想。全面贯彻党的十八大和十八届三中、四中、五中、六中全会精神，深入贯彻习近平总书记系列重要讲话精神和治国理政新理念新思想新战略，认真落实党中央、国务院决策部署，统筹推进"五位一体"总体布局和协调推进"四个全面"战略布局，牢固树立和贯彻落实创新、协调、绿色、开放、共享的发展理念，大力弘扬和践行社会主义核心价值观，着力推进市场监管体系和监管能力现代化，修订完善相关法规和标准，改革创新监管制度和机制，加强信息技术等新技术新手段运用，强化事中事后监管，全面提高打击侵权假冒工作水平，加快建设知识产权强国，为实现全面建成小康社会奋斗目标提供有力支撑。

（二）基本原则。

依法治理。加强打击侵权假冒法规制度建设，严格规范公正文明执法，推进公正司法和全民守法，保障打击侵权假冒工作始终沿着法治轨道前进。

打建结合。创新监管方式和手段,针对影响人民群众生命财产安全的突出问题开展集中整治,坚决遏制侵权假冒高发多发势头;加强机制建设,提高综合治理能力,努力铲除侵权假冒滋生的土壤。

统筹协作。加强对打击侵权假冒工作的统筹协调,密切部门间、区域间协作配合,由区域内、单个环节监管向跨区域、跨部门和全链条监管转变。

社会共治。发挥行业组织的行业自律和协调管理作用,鼓励媒体和公众参与监督,充分调动各方面积极性,形成政府、企业、社会组织和公众共同参与的工作局面。

(三)工作目标。到2020年,侵权假冒高发多发的势头得到有效遏制,市场监管体系和监管能力现代化水平明显提升,法规体系更加健全,工作机制更加完善,营商环境更加规范,行政执法、刑事执法、司法审判、快速维权、仲裁调解、行业自律、社会监督协调运作的打击侵权假冒工作体系基本形成。

二、推进跨部门跨区域综合治理

(四)强化重点领域集中整治。坚持专项整治与日常监管相结合,以关系生命健康、财产安全和环境保护的商品以及知识产权领域的突出问题为重点,定期组织开展专项整治,严厉打击侵权假冒违法犯罪行为。完善以随机抽查为重点的日常监督检查制度,强化对互联网、农村市场和城乡结合部等侵权假冒高发多发领域和地区的监管,坚持线上线下治理相结合,深挖违法犯罪活动的组织者、策划者、实施者,清理生产源头,铲除销售网络,依法取缔无证照生产经营的"黑作坊"、"黑窝点",维护公平竞争的市场秩序。

(五)加强部门间执法协作。执法监管部门、行业主管部门等要充分发挥各自优势,加强打击侵权假冒执法协作,促进执法监管和行业管理等信息共享,在执法检查、检验检测、鉴定认定等方面互相提供支持。执法监管部门发现违法行为涉及其他部门职责的，要及时通报相关部门采取措施，对于重大案件线索，必要时要共同研究案情，开展联合执法。加强对基层综合执法部门的指导，厘清监管职责，明确权力清单，堵塞监管漏洞，确保综合执法机构权威高效、运转协调，提高执法效能。

（六）推进区域间执法协调联动。针对侵权假冒行为跨区域、链条化的特点，加强区域间执法协作，探索建立跨区域联席会议、线索通报、证据移转、案件协查、联合办案以及检验鉴定结果互认等制度，完善线索发现、源头追溯、属地查处机制，推动执法程序和标准统一化，加强交界区域基层执法协作，消除监管空白地带，对侵权假冒商品的生产、流通、销售形成全链条打击。结合实施国家区域发展战略，在京津冀、长江经济带、泛珠三角区域等深入开展打击侵权假冒区域合作，总结经验，适时向全国推广。

（七）健全行政执法与刑事司法衔接机制。建立健全行政执法部门与司法机关信息共享、案情通报、案件移送制度，完善案件移送标准和程序，坚决克服有案不移、有案难移、以罚代刑现象。完善行政执法部门与司法机关间有关案件咨询、督查督办等工作机制，规范行政执法证据的固定和移送，实现行政执法与刑事司法无缝衔接。完善涉嫌犯罪案件移送中有关涉案物品处置制度，探索建立涉案物品保管"公物仓"和有毒有害物品统一销毁处理制度。建成中央、省、市、县四级联网的行政执法与刑事司法衔接信息共享系统，提高衔接工作效率和规范化水平。

三、提高市场监管和预警防范能力

（八）加强执法监管信息化建设。加强大数据、云计算、物联网、移动互联网等新技术在执法监管中的研发运用，强化对违法犯罪线索的发现、收集、甄别、挖掘、预警，做到事前防范、精准打击。大力推进不同部门间执法监管平台的开放共享，打破"信息孤岛",加强对相关数据信息的整合、分析和研判,形成执法监管合力。建立电子商务平台企业向执法监管部门提供执法办案相关数据信息的制度,加强政企协作,用好用活数据信息资源,为开展执法工作提供支撑。

(九)加快推进信用体系建设。全面实施统一社会信用代码制度,完善全国信用信息共享平台,构建覆盖全部信用主体、所有信用信息类别、全国所有区域的一体化信用信息体系,推动信用信息跨部门交换共享。加强信用信息的征集、存储和应用,健全守信联合激励和失信联合惩戒机制,提高违法失信成本。进一步推进行政处罚案件信息公开和应用,健全信息公开的内部审核、档案管理、抽查考评等制度。建立完善生产经营主体诚信档案和"黑名单"制度,相关信息纳入全国信用信息共享平台和企业信用信息公示系统,实施市场主体信用分类监管。积极推进企业信用信息公示系统信息化工程建设,实现统一归集、依法公示、联合惩戒、社会监督。依法规范信用服务市场,培育和发展社会信用服务机构,鼓励第三方利用信用信息为社会公众提供增值服务。

四、推动完善法规标准和司法保护体系

(十)加快法规和标准制修订。推动制修订著作权法、专利法、反不正当竞争法以及电子商务、商业秘密保护等方面的法律法规,研究修订知识产权海关保护条例、植物新品种保护条例,增强法律法规的适用性和统一性。推动修订完善刑法或相关司法解释有关知识产权犯罪的条款,加大处罚力度,完善定罪量刑标准,加强刑法与其他法律之间的有效衔接。制定防止滥用知识产权的反垄断执法指南。完善电子商务产品监督抽查管理办法,制订电子商务领域相关标准。完善执法工作的程序规范,细化、量化行政裁量标准,规范裁量范围、种类、幅度,严格限定和规范行使裁量权。

(十一)充分发挥司法保护的作用。支持法院、检察院依法独立公正行使职权，构建权威高效的知识产权司法保护体系。加强刑事司法保护，严厉打击侵权假冒犯罪，增强刑罚的威慑力。强化民事司法保护，完善技术专家咨询机制，依法减轻权利人举证负担，有效执行惩罚性赔偿制度，提高侵犯知识产权违法成本。推进民事、刑事、行政案件审判"三合一"改革，完善知识产权审判体系，提升审判效率和专业水平。研究建立知识产权纠纷人民调解协议司法确认制度。

五、构建多方参与的共治格局

（十二）强化社会组织的自治功能。建立健全社会组织参与政府打击侵权假冒政策研究、维护企业和公众合法权益、预防侵权假冒违法犯罪的工作机制，探索建立社会组织调解处理知识产权纠纷制度。支持行业协会商会类组织强化行业自律和专业服务功能，发挥其对成员的行为导引、规则约束、权益维护作用，加强行业数据统计、促进行业自律、开展自主维权，引导行业健康发展。培育发展知识产权服务业，支持知识产权信息咨询、培训、法律代理等新业态发展。

（十三）落实企业的主体责任。指导生产经营企业加强产品质量控制和知识产权管理，自觉守法诚信经营，建立完善权利人企业参与涉案物品鉴定的制度。督促电子商务平台企业加强对网络经营者的资格审查，建立健全对网络交易、广告推广等业务和网络经营者信用评级的内部监控制度。坚持堵疏结合、打扶并举，结合推进供给侧结构性改革和发展"互联网+"，引导和帮助企业利用电子商务拓展营销渠道、培育自主品牌。深入开展优质产品生产企业质量承诺活动，鼓励企业承诺采用严于国家标准、行业标准的企业产品质量标准。对企业履行承诺情况开展"双随机"执法检查，通过网络平台向社会公开承诺企业、产品及检查信息，培育"重质量、守承诺"企业，促进"中国制造"技术进步和转型升级。

（十四）加强舆论监督和宣传教育。发挥新闻媒体的正面引导和舆论监督作用，积极运用传统媒体和新兴媒体解读政策措施、宣传先进典型、曝光反面案例。组织开展宣传教育活动，普及知识产权和识假辨假知识，鼓励企业和公众举报投诉侵权假冒违法行为，营造抵制侵权假冒的良好社会氛围。创新知识产权人才培养机制，将保护知识产权等内容纳入中小学有关课程和高等院校就业创业指导课程，培养尊重创造、崇尚创新的意识。

六、提升国际交流合作水平

（十五）完善知识产权国际战略。把握国际知识产权制度演进趋势，结合我国国情完善知识产权保护制度，提高知识产权保护的国际化水平。深化与经贸相关的多双边知识产权谈判与磋商，加强部门间信息沟通和协调配合。加强传统知识、遗传资源、民间艺术等领域知识产权保护。依据相关法律法规，研究构建我国与对外贸易有关的知识产权保护制度，防范和查处进出口环节侵犯知识产权、危害对外贸易秩序等违法行为，积极开展知识产权海外维权。

（十六）深化和拓展国际交流合作。强化中美、中欧、中日等知识产权工作组对话机制，妥善处理好各方关切问题。加快实施自由贸易区战略，协调推进经贸领域知识产权合作，为企业"走出去"营造更加公平的知识产权保护环境。加强与"一带一路"沿线国家和地区的知识产权保护交流合作，优化贸易和投资环境。拓宽与发展中国家打击侵权假冒合作领域，发挥好驻外经商机构和中资商会的作用，利用对外援助、培训等方式，支持受援方打击侵权假冒工作能力建设。加强和扩大公安、海关、质检等部门执法办案的国际交流协作，联合打击跨境制售侵权假冒商品行为。

七、加强组织领导

（十七）加强统筹协调工作。全国打击侵犯知识产权和制售假冒伪劣商品工作领导小组要加强组织领导，切实抓好政策制定、执法协调、宣传教育、涉外交流等工作，统筹协调各成员单位形成更加有效的治理模式。积极发挥国务院知识产权战略实施工作部际联席会议制度的作用，加强机制间的沟通协调，调动各方积极性，形成工作合力。

（十八）落实地方政府责任。地方各级人民政府要落实打击侵权假冒属地责任，健全打击侵权假冒工作统筹协调机制，落实人员和工作经费，推动打击侵权假冒工作有效开展。要将打击侵权假冒工作纳入地方政府绩效考核体系，科学设定考核指标，完善考核评价机制，定期开展评估，确保各项任务落实到位。

（十九）加强执法能力建设。严格实行行政执法人员资格管理和持证上岗制度，依法确定不同岗位执法人员执法责任，全面落实执法责任制，完善激励约束制度。调整充实基层执法力量，加强业务培训，提高办案技能和依法行政水平。加强对打击侵权假冒执法经费和涉案物品环境无害化处理经费的财政保障，改善执法装备和检验检测技术条件，提高执法监管能力。

国务院<br>2017 年 3 月 9 日

# 关于知识产权支持小微企业发展的若干意见

国知发管字〔2014〕57号

各省、自治区、直辖市、新疆生产建设兵团知识产权局：

为贯彻落实《中共中央关于全面深化改革若干重大问题的决定》、《国务院关于进一步支持小型微型企业健康发展的意见》（国发〔2012〕14号）精神，深入实施国家知识产权战略，切实做好《国家中长期人才发展规划纲要（2010—2020年）》中实施知识产权保护政策相关工作，激发小微企业（系指《中小企业划型标准规定》（工信部联企业〔2011〕300号）中的小型、微型企业）创造活力，全力支持小微企业创业创新发展，提出以下意见。

一、扶持小微企业创新发展

（一）支持创新成果在国内外及时获权。完善专利审查快速通道，对小微企业亟需获得授权的核心专利申请予以优先审查，并按照《发明专利申请优先审查办法》规定的程序办理。充分利用电话讨论、远程会晤等方式指导小微企业合理缩短实质审查时间。开展小微企业专利审查高速路（PPH）推广帮扶项目，编制针对小微企业的海外获权指导手册，建立小微企业国外专利申请—获权援助渠道，支持小微企业在海外快速获得专利权。

（二）完善专利资助政策。积极探索推进小微企业专利费用减免政策，支持小微企业知识产权创造和运用。加大对小微企业专利申请资助力度，推动专利一般资助向小微企业倾斜。结合科技型中小企业专利申请"消零"行动，对小微企业申请获权的首件发明专利予以奖励。鼓励小微企业通过实施专利提高专利产品种类和产值，对小微企业通过独占许可和排他许可方式引进实施专利给予专项资助。

（三）创新知识产权金融服务。建立小微企业知识产权金融服务需求调查制度，深入开展专利价值分析服务和政策宣讲，鼓励小微企业以质押融资、许可转让、出资入股等方式拓展知识产权价值实现渠道。加强与商业银行的知识产权金融服务战略合作，进一步推动开发符合小微企业创新特点的知识产权金融产品，引导各类金融机构为小微企业提供知识产权金融服务。鼓励建立小微企业信贷风险补偿基金，对知识产权质押贷款提供重点支持。加快推动知识产权保险服务纳入小微企业产业引导政策，完善小微企业风险补偿机制。充分发挥支持性财税政策的引导作用，通过财政补贴和风险补偿等方式合理降低贷款、担保和保险等费率。

二、完善小微企业知识产权社会化服务

（四）加快知识产权公共服务体系建设。深入推进中小企业知识产权战略推进工程，建立健全省、市、县三级知识产权服务网络，完善对小微企业创业辅导、管理咨询、投资融资、人才培训、技术创新等方面的知识产权服务功能。在小微企业集聚的创业基地、孵化器、产业园等逐步建立知识产权联络员制度和专家服务试点，吸纳专利代理人及其他服务机构人员深入参与，并提供必要财政支持，逐步形成小微企业知识产权服务长效机制。

（五）发挥知识产权社团组织作用。鼓励知识产权行业协会吸收小微企业入会，充分发挥行业协会在制定行业标准、开展行业自律、调解知识产权纠纷、规范市场秩序等方面的积极作用，切实维护小微企业合法权益。支持知识产权行业协会创新服务模式，利用互联网等新技术搭建小微企业会员交流平台，积极开展企业间专利信息共享、协同运用、联合维权、管理咨询等活动。

（六）调动和优化配置知识产权服务资源。建立健全知识产权服务规范、服务评价和激励机制，引导各类知识产权服务机构为小微企业提供质优价惠的专业服务。鼓励每名专利代理人每年为小微企业免费代理一件以上的专利申请，对服务小微企业绩效突出的知识产权服务机构给予奖励和项目优先委托。可采取"专利服务券"等政府购买服务方式满足小微企业服务需求。

三、提高小微企业知识产权运用能力

（七）提升知识产权管理水平。实施小微企业知识产权管理能力提升计划，建立联系、辅导工作机制，引导小微企业建立与发展阶段和发展目标相适应的知识产权管理制度。鼓励科技型小微企业贯彻实施《企业知识产权管理规范》国家标准，组织专家团队对有需求的小微企业对标诊断，并指导制定贯标工作方案。对通过知识产权管理体系认证的小微企业可予以合理资助和奖励。

（八）做好知识产权优势培育工作。建立符合小微企业特点的知识产权优势培育体系，制定培育措施，并围绕小微企业发展定位进行个性化培育。对研发投入和专利成果达到一定水平，产品市场占有率较高的小微企业，集中优势资源重点培育。支持科技型小微企业申报国家级知识产权优势企业。

（九）加强专利信息利用。充分发挥专利信息导航作用，在小微企业集聚区开展专利导航公共服务平台建设，为政府部门分类、分级培育小微企业提供决策支撑。加强专利信息传播利用基地建设，深入开展专利信息利用帮扶促进工作，开展专利信息助推小微企业创新发展试点。依托各类服务平台向小微企业免费或低成本提供专利查新检索服务，广泛开展知识产权信息订制推送服务。

（十）提升知识产权实务技能。将小微企业的业务骨干培养纳入年度全国知识产权人才培训计划，加强小微企业研发人员专利撰写、专利分析等实务能力的培养。加强国家中小微企业知识产权培训基地建设，建立小微企业管理团队知识产权业务技能培养机制，每年培训1万名小微企业经理人、研发负责人和创业者。

（十一）鼓励专利创业创新。引导高校院所、科研组织与小微企业开展知识产权合作互助，建立订单式专利技术研发体系，帮助小微企业进行专利创业和专利二次开发。鼓励国有企事业单位将闲置专利向小微企业许可转让，引导国家级知识产权示范企业履行社会责任，向小微企业低成本或免费实施专利许可。积极组织拥有知识产权项目的小微企业参加境内外展览展销活动，在名额、费用等方面适当倾斜。

四、优化小微企业知识产权发展环境

（十二）扶持知识产权服务业小微企业发展。实施知识产权服务引导项目，培育知识产权服务品牌机构，支持和引导民营知识产权服务机构健康发展。有序开放知识产权基础信息资源，增强小微型知识产权服务机构市场服务供给能力。完善行业信用评价、诚信公示和失信惩戒等机制。鼓励服务机构成立区域性服务联盟，实现优势互补、资源共享。通过政府投入引导资金或购买服务等方式，支持小微型知识产权服务机构参与知识产权公共服务。支持有条件的地区探索制定项目补贴、定向资助等具体措施。

（十三）加大专利行政执法力度。积极开展电子商务领域、展会、重点行业和市场执法维权工作，着力打击专利侵权假冒行为，切实维护小微企业产品开发、生产、销售等各环节的合法权益。结合小微企业技术创新周期短、实用新型和外观设计专利较多、涉案金额相对较低等特点，加快推进建立专利侵权纠纷快速调解机制，帮助小微企业及时获得有效保护。

（十四）推进知识产权维权援助工作。加强知识产权保护法律法规、典型案例的宣传和培训，增强小微企业知识产权保护意识。鼓励各维权援助中心在小微企业聚集区设立分中心、工作站等，帮助被侵权小微企业制定完善的维权方案，提高确权效率，降低维权成本。积极主动提供维权服务，对于小微企业符合立案条件的举报投诉线索,及时移送行政执法部门。针对经济困难的专利权利主体,推动建立小微企业维权援助工作机制。

(十五)营造良好舆论氛围。加强小微企业知识产权扶持政策宣讲和典型宣传,发挥新闻媒体优势,采用专题、专栏、专版等形式,广泛报道小微企业创新发展的扶持政策和典型案例,深入挖掘小微企业运用知识产权创新发展的典型经验。面向小微企业组织召开相关政策宣讲会,编制并发放知识产权政策宣传册(页)。

各省(区、市)知识产权局要结合本地区发展实际,研究制定具体落实措施,帮助小微企业解决现实难题。国家知识产权局将加强政策解读和任务细化,建立有利于小微企业发展的知识产权考核评价机制,推动有关政策尽快"落地"。从 2015 年开始,各省(区、市)知识产权局要将本地区上一年度小微企业知识产权工作的情况、成效、问题、下一步打算及政策建议,于每年 1 月底前专题报我局。

国家知识产权局<br>2014 年 10 月 8 日

# 卫生知识产权保护管理规定

卫生部关于印发《卫生知识产权保护管理规定》的通知

卫科教发〔2000〕230号

各省、自治区、直辖市卫生厅（局），计划单列市及新疆生产建设兵团卫生局，部直属单位：

为加强卫生知识产权保护与管理，维护国家、企事业单位和科技人员等产权所有者或持有者的合法权益，鼓励发明创造，推动我国卫生科技进步，现将《卫生知识产权保护管理规定》印发给你们，请遵照执行。

二〇〇〇年七月十八日

## 第一章　总　则

**第一条**　为了加强卫生知识产权保护与管理，维护国家、企事业单位、科技人员等产权所有或持有者的合法权益，鼓励发明创造，推动卫生科技进步和经济发展，依据国家有关法律、法规，制定本规定。

**第二条** 本规定适用于卫生系统的企业、事业单位、社会团体（以下简称单位）。

**第三条** 卫生部主管全国卫生系统知识产权保护与管理工作。省级卫生行政部门负责本地区卫生系统知识产权保护与管理工作。

**第四条** 本规定保护管理的知识产权，是指依照法律、法规规定或者合同约定，应该由单位所有或持有的知识产权，包括单位与他人共享的知识产权。

本规定所称知识产权包括：

1. 专利权；
2. 商标权；
3. 著作权；
4. 技术秘密及商业秘密；
5. 单位的名号及各种服务标志；
6. 国家颁布的法律、法规所保护的其它智力成果和活动的权利。

## 第二章 权 属

**第五条** 国家、部门或地方资助的各类科技项目，其形成的知识产权归国家所有，项目完成单位享有持有权。

**第六条** 执行本单位任务或主要利用本单位的物质技术条件完成的发明创造或者其它技术成果，是单位的职务发明创造或职务技术成果。职务发明创造或职务技术成果，其专利申请权、持有权、使用权、许可权及转让权均属单位，完成者依法享有在有关技术文件上署名的权利，获得奖励和报酬的权利；非职务发明创造或非职务技术成果，其成果所有权属完成者。

**第七条** 根据国家计划，对单位持有的重要发明创造专利，卫生部有权决定在指定单位实施，由实施单位按照国家有关规定向持有专利的单位支付使用费。

第八条  以单位名义申请注册的商标和服务标记，其专用权依法归单位所有。

第九条  由单位主持、代表单位意志创作、并由单位承担责任的作品，其著作权由单位享有；为完成单位的工作任务所创作的作品，其著作权由完成者享有，单位在其业务范围内对其享有优先使用权。主要利用单位的物质技术条件创作、并由单位承担责任的职务作品，作者享有署名权，著作权的其它权利由单位享有。

第十条  在执行单位任务过程中所产生或形成的、不对外公开的信息，包括工艺参数、工艺技术流程、试验数据、图纸、调研资料、技术诀窍、设计方案、临床试用情况、用户情况、经营渠道等技术信息和商业信息，属单位所有。

第十一条  受单位委派出国讲学、进修、培训、留学等人员，除与接收方另有协议外，在国外完成的发明创造或其它智力劳动成果的知识产权归委派单位。

第十二条  经合法途径接收的培训、进修、离退休返聘、借用及兼职人员，在学习或工作期间，利用接收单位物质技术条件所完成的发明创造或技术成果，其知识产权归接收单位，完成者享有署名、获得奖励和报酬的权利。

第十三条  合作开发所完成（或形成）的专利或非专利技术成果，除合同另有约定外，其知识产权由合作各方共享。

第十四条  委托开发所完成的发明创造或技术成果，其权属按研究开发方与委托方合同约定划分。

第十五条  单位变更、终止时，对其专利权、非专利技术所有权以及仍在保护期内作品的著作权，依法由承受权利义务的单位享有。若无承受其权利义务的法人单位，则由国家享有。

第十六条  知识产权权属不清或有争议的，应当依法进行界定。

## 第三章  职  责

第十七条  卫生部及省级卫生行政部门在卫生知识产权保护工作方面有下列主要职责：

1. 贯彻执行国家知识产权法律、法规，研究制定本部门、本地区知识产权保护工作的方针、政策和规划，指导、监督、检查有关单位的知识产权保护管理工作；

2. 组织宣传和学习有关知识产权的法律知识，增强各单位知识产权保护意识和能力；

3. 依法调处或协助调处本部门、本地区有关单位发生的知识产权争议和纠纷；

4. 负责国家和地方各类计划项目的知识产权管理；

5. 依照有关法律、法规，归口管理国家秘密技术。

第十八条  各单位应明确分管领导和归口管理部门，负责知识产权保护管理工作，其主要职责：

1. 宣传和组织职工学习知识产权的法律和法规；医学院校应当开设有关知识产权的选修课程，有条件的院校，可开设必修课程；

2. 结合本单位实际情况，制定知识产权保护管理具体规划或办法并组织实施；

3. 负责本单位的专利、商标、著作权管理，组织有关的无形资产评估，技术秘密认定，知识产权纠纷处理、诉讼等有关法律事宜；

4. 了解对本单位知识产权的侵权行为，采取适当方式，制止侵权行为。并对已认定的商业秘密的内容、范围采取保护措施，保护本单位知识产权的法律地位和经济权益；

5. 参与洽谈、审核本单位涉及有关知识产权内容的各类合同、协议，并进行监督。

# 第四章 管 理

第十九条 研究与开发项目在立项前和进行中，项目承担单位应当进行专利及相关文献检索，必要时结果报单位知识产权归口管理部门审查并签署审查意见，防止知识产权侵权和重复研究、开发。

第二十条 单位必须建立和完善相应的制度，做好研究、开发各阶段技术资料的归档、保存及使用管理。研究、开发过程中，要做好技术资料记录、保管工作，确保原始资料的完整。项目完成后，须将实验数据、记录、工作底稿、图纸、声像等技术资料收齐，按各研究阶段整理送技术档案管理部门登记、归档。

第二十一条 研究、设计、开发和中试、生产、经营等过程中形成的智力成果，应及时向单位的知识产权归口管理部门申报，并同时提出拟保护的内容、范围及保护措施。

凡准备申请专利的职务发明或职务技术成果，在申请前任何人不得以任何形式公开（《专利法》规定的不丧失新颖性的情况除外）；对不宜申请专利的职务发明创造，应作为单位的技术秘密或商业秘密予以保护。

第二十二条 批量产品必须按规定使用注册商标，单位应当注册服务标记。

第二十三条 在职、离退休留用、借调、进修、培训人员或在校学生的非职务智力成果进行专利申请、转让、使用、许可，或有涉及技术权益的非职务作品进行登记、发表、出售，必须事先向所在单位的知识产权归口管理部门申报。知识产权归口管理部门在接到申报后30个工作日内，提出书面审核意见，并通知申报者本人。过期未通知申报人，则视为认可。

第二十四条　为了避免侵权或失权，在引进或出口技术时，应对输出国或输入国有关该项技术的知识产权法律状况和技术状况进行检索、核查，结果报主管部门。

第二十五条　单位在签订技术合同、商标许可合同，以及涉及本规定第三条内容的其它合同时，应明确知识产权保护条款，经知识产权归口管理部门审查后，由单位法定代表人或其委托代理人签署。

第二十六条　单位在重组联合、建立股份制、股份合作企业。以技术投资入股或合资创办企业，或以专利权、非专利技术等无形资产进行产权交易或许可贸易时，必须根据国家规定委托有资格的评估中介机构进行无形资产价值评估。

第二十七条　单位对商业秘密应采取合法有效的保密措施，包括保密制度、保密协议、保密设施。

在职、离退休留用、借调、进修、培训人员或在校学生应自觉维护单位的合法权益，未经单位同意或许可，不得擅自将属于单位的技术成果或信息泄露、发表、使用或转让。

对涉及或可能知悉商业秘密的科技、管理或相关业务人员，单位应与之签订保密协议。对重大科研项目或对单位经济利益具有重大影响的项目，单位可与相关人员另行签订单项保密协议。

对国家科学技术秘密，应确定涉密人员范围。

第二十八条　建立参观、来访接待制度，除规定参观范围、注意事项等内容外，对涉及技术秘密的研究、实验、生产、制造、保存等重点场所，应当采取专门的防范措施。凡涉及国家科学技术秘密的单位，未经主管部门的批准，不得擅自安排与此相关的参观活动。

**第二十九条** 凡承担国家或部门重大科技项目的主要科技人员，在任务尚未结束之前，原则上不得调离、出国定居或辞职；被确定为国家技术秘密的涉密人员，须经确定密级的主管部门批准，并由单位对其进行保密审查，并签署保密责任承诺书后，方可调离、出国定居或辞职。

各类人员在办理离退休或调动、辞职、出国定居手续前，须交回属于单位的全部资料、实验数据、仪器设备、样品等，否则不予办理。

**第三十条** 单位应当实行知识产权保证书制度，与有关人员签订知识产权保证书，履行保护本单位知识产权的义务。

对单位技术权益和经济利益有重要影响的科技、管理或相关业务人员（包括离、退休人员），单位应在劳动聘用合同或者保密协议中约定竞业限制条款。约定在限制期限内，不得在生产同类产品或经营同类业务且有竞争关系的其它单位任职，或者自己生产、经营与原单位有竞争关系的同类产品或业务，限制期不应超过三年。

**第三十一条** 行政管理人员，对其业务范围内所涉及的技术秘密或不宜公开的信息负有保密责任，不得非法使用或透露给第三方。

**第三十二条** 参加项目鉴定、评审、评估、验收工作的专家及相关人员，未经项目单位或个人同意，不得擅自披露、使用或向他人提供、转让有关项目的技术资料、文件或商业秘密。

**第三十三条** 单位应设有知识产权保护专项费用（或拨出专款，或从单位技术转让收益中提取），用于知识产权管理、培训，补助专利申请、审查、维持，商标注册、续展，知识产权诉讼及竞业限制等项开支。

# 第五章 奖 惩

**第三十四条** 单位应按照国家有关规定，对职务发明创造者或被认定为职务技术秘密项目的完成者给予表彰、奖励或报酬，并作为考核其能力、业绩的重要指标之一。

**第三十五条** 对于在知识产权形成、科技成果转化及知识产权保护、管理工作中有突出贡献的，或有效制止侵权、维护单位知识产权合法权益、成绩显著的人员，各单位应给予表彰奖励。

**第三十六条** 单位将其知识产权或职务发明创造、职务技术成果自行产业化、自行实施的，单位应当在成功投产后连续三至五年从实施该项目所取得的年净收入中提取不低于5%的比例，奖励对完成该项目及对其产业化作出重要贡献的人员；单位将其知识产权或职务发明创造、职务技术成果进行转让，或者许可他人实施的，应从取得的净收入中，提取不低于30%的比例，奖励项目完成人员和转化有功人员。

采用股份制形式的单位科技企业，或者主要以技术向其它股份制企业投资入股的单位，可以将在科技成果研究、开发、转化中做出重要贡献的有关人员的报酬或奖励，按国家规定折算为股份份额或出资比例分享收益。

**第三十七条** 违反本规定，对科研、开发项目完成后不按时归档，资料不全或拒不归档的，要追究项目负责人和当事人的责任。情节严重的，不予受理成果鉴定及申报奖励，业务考核和提职晋级扣分以及其它处分。

**第三十八条** 违反本规定，擅自将属于单位的科技成果或信息泄露、发表、使用或转让的，或涉及单位重大利益的保密科技项目有关人员拒不与单位签定保密协议的，单位有权不予聘用、延期晋级、通报批评等，并有权要求经济赔偿。

**第三十九条** 违反本规定，未经批准擅自离职，对单位工作造成影响或造成损害的，单位有权拒绝办理各种手续。拒绝开具各种证明，并有权要求经济赔偿。

**第四十条** 违反本规定，借工作、职务之便，未经当事人许可，擅自披露、使用或向他人提供、转让有关技术资料、文件或商业秘密的，所在单位应视情节轻重，给予行政处分。

## 第六章　附　则

**第四十一条** 本规定由卫生部负责解释。

**第四十二条** 本规定自公布之日起实施。

# 国家知识产权试点、示范城市管理办法

关于修订印发《国家知识产权试点、示范城市管理办法》的通知

国知发管字〔2016〕87号

各省、自治区、直辖市、新疆生产建设兵团知识产权局，各国家知识产权示范城市知识产权局：

为深入实施创新驱动发展战略和知识产权战略，认真落实《国务院关于新形势下加快知识产权强国建设的若干意见》，扎实推进知识产权强国建设，充分发挥知识产权在城市创新驱动发展和经济提质增效升级中的重要作用，在总结前一阶段工作经验的基础上，国家知识产权局对《国家知识产权试点、示范城市（城区）评定和管理办法》（国知发管字〔2014〕34号）进行了修订完善。现将新修订的《国家知识产权试点、示范城市管理办法》印发给你们，请遵照执行。

特此通知。

联系人：专利管理司　刘杰　于光
电　话：010—62086573　62086885
传　真：010—62083094

国家知识产权局<br>2016 年 11 月 18 日

# 第一章　总　则

**第一条**　为深入实施创新驱动发展战略和知识产权战略，认真落实《国务院关于新形势下加快知识产权强国建设的若干意见》，扎实推进知识产权强国建设，充分发挥知识产权在城市创新驱动发展和经济提质增效升级中的重要作用，根据《国家知识产权战略纲要》深入开展各类知识产权试点、示范工作的要求，进一步加强国家知识产权试点、示范城市的评定和管理工作，制定本办法。

**第二条**　国家知识产权试点、示范城市评定管理工作按照"统筹推进、分类指导、择优培育、动态管理"的原则开展。

**第三条**　国家知识产权试点、示范城市的申报主体为：符合条件的计划单列市、副省级城市、地级城市（州、盟）、直辖市所辖的区。

**第四条**　城市开展知识产权试点、示范工作的称号分别为：国家知识产权试点城市（城区）、国家知识产权示范城市（城区）。

# 第二章　试点城市的评定

**第五条**　试点城市的申报条件：

（一）城市领导重视知识产权工作，将知识产权纳入议事日程，工作条件保障不断加强。

（二）城市知识产权管理能力和水平在省（区、市）内位于中等以上水平。

（三）开展专利质量提升工作，取得明显成效。

（四）开展城市知识产权运营工作，在专利质押融资、专利导航等方面取得一定成效。

（五）申报前一年专利行政执法和维权绩效考核结果在省（区、市）内排名前50%。

第六条 试点城市的申报程序：

（一）制定初步方案。符合申报条件的城市，根据试点城市工作要求，结合城市工作实际，确定试点工作特色主题，制定试点城市建设工作方案（3年期），经城市政府原则同意后报省（区、市）知识产权局（以下简称省知识产权局）。

（二）考察推荐。省知识产权局依据试点城市申报条件和申报城市提交的有关材料，组织人员对申报城市进行考察，并结合本地区城市知识产权工作开展情况，择优向国家知识产权局推荐。对于拟推荐的城市，省知识产权局组织专家对试点特色主题、试点城市建设工作方案进行论证，指导城市进行修改完善。

（三）提出申报。由省知识产权局对省（区、市）内有关申请统一提出申报。申报时提交省知识产权局推荐函、申报城市人民政府向省知识产权局提出的申报函、试点城市建设工作方案、城市知识产权工作基本状况表（见附件1），以及本办法第五条所述条件的相关证明材料。

第七条 国家知识产权局原则上每年开展一次试点城市集中评定工作，确定试点城市名单，印发通知并授牌。

第八条 试点城市获批2个月内，应由城市人民政府正式印发试点城市建设工作方案，建立试点城市建设领导和协调机制，并将有关文件报省知识产权局备案。

## 第三章 试点城市的管理

**第九条** 省知识产权局在国家知识产权局指导下负责试点城市的日常管理。省知识产权局应明确试点城市管理责任处室,指派专人加强与试点城市的业务联系,安排专门资金予以支持,每年对试点城市工作开展情况进行考核。

**第十条** 试点城市人民政府是城市试点工作的责任主体。试点城市人民政府应将城市试点工作纳入重要议事日程,强化组织领导、体系建设、条件保障、制度创新,确保试点工作取得实效。

**第十一条** 试点城市建设的主要任务是:完善知识产权行政管理体制机制,着力培育企业知识产权竞争能力,加大专利行政执法和维权援助工作力度,加强知识产权文化建设和人才队伍建设,积极探索试点特色主题方面的有关工作。

**第十二条** 试点城市应于每年1月31日前向省知识产权局报送上年度工作总结和当年工作计划。试点城市建设过程中作出的重大工作安排和遇到的突出问题,应及时向省知识产权局请示和报告。

**第十三条** 试点城市工作期限为3年,自批复通知印发之日起计算。期满4个月内,由省知识产权局对试点城市组织考核验收,并于验收结束2周内将考核有关材料(主要包括验收情况、验收结果及城市总结材料)报国家知识产权局。考核验收评价指标体系采用评定示范城市指标体系(见附件2)。

**第十四条** 考核验收成绩60分以下的城市,取消国家知识产权试点城市称号,并且2年之内不得再次申报。考核验收成绩60—70分的城市,可以申请进入新一轮试点工作。考核验收成绩70分以上的城市，可以申请进入示范培育阶段。

**第十五条** 进入示范培育阶段的程序是：试点城市期满 6 个月内，在省知识产权局指导下，城市人民政府制定印发示范培育工作方案。示范培育阶段的周期是 3 年，自示范培育方案印发之日起计算，可以进行多轮示范培育工作。

**第十六条** 进入新一轮试点工作的程序是：试点城市期满 6 个月内，在省知识产权局指导下，城市人民政府选择试点特色主题，制定印发试点工作方案。新一轮试点自试点工作方案印发之日起计算，可以进行多轮试点工作。

**第十七条** 试点城市期满 6 个月内未完成进入示范培育阶段或新一轮试点的备案工作的，视为退出试点城市工作序列，且 3 年内不得再次申报。

## 第四章　示范城市的评定

**第十八条** 示范城市的申报条件：

（一）进入示范培育阶段，培育时间满 1 年，且工作成效显著。

（二）将知识产权工作作为政府工作的重要内容，纳入对区县政府的考核体系。

（三）城市知识产权管理能力和工作保障条件居全国同类城市前列。

（四）申报前一年专利行政执法和维权援助工作评价结果在试点城市中位于前 30%。

（五）城市专利资助政策突出质量和效益导向，试点及示范培育期间专利质量提升工作取得显著成效。

（六）开展城市知识产权运营体系化建设工作，申报前一年专利质押融资额在试点城市中位于前 30%。

（七）近 3 年省知识产权局对试点城市、示范培育阶段城市年度考核中，至少有两次考核成绩优秀。

（八）近两年未发生过重大群体性、反复、恶意知识产权侵权事件，未出现较大数量的非正常专利申请。

（九）评定示范城市指标体系（见附件 2）中客观实力指标监测结果达到 60 分，指标体系总体得分加权折算之后达到 80 分。

第十九条 示范城市的申报程序：

（一）启动申报。国家知识产权局每年印发示范城市申报通知，并支持有关省知识产权局开展针对拟申报城市的客观实力指标监测。各省知识产权局按照通知要求组织和指导省（区、市）内相关城市做好申报工作。

（二）测评推荐。省知识产权局依据评定示范城市指标体系（见附件 2）对省（区、市）内申报城市进行测评，对符合条件的城市进行排序，统一向国家知识产权局推荐。

（三）提出申报。由省知识产权局对省（区、市）内有关申请统一提出申报。申报时提交省知识产权局推荐函、城市人民政府向省知识产权局提交的书面申报函、城市知识产权工作基本状况表（见附件 1）、省知识产权局测评后的评定示范城市指标体系得分表（见附件 2），以及本办法第十八条所述条件的相关证明材料。

第二十条 国家知识产权局原则上每年开展一次示范城市评定工作，确定示范城市名单，印发通知并授牌。

第二十一条 示范城市获批 4 个月内，应在国家知识产权局的指导下，建立健全示范城市建设领导和协调机制，制定示范城市建设工作方案，并由城市人民政府印发。

# 第五章 示范城市的管理

**第二十二条** 示范城市的管理主要由国家知识产权局负责，相关省知识产权局配合对省（区、市）内示范城市的管理。

**第二十三条** 国家知识产权局加强对示范城市的管理和指导，每年对示范城市工作开展情况进行考核，对示范城市专利实力进行监测，至少组织一次针对示范城市的工作会议或工作培训。相关省知识产权局应配合做好省（区、市）内示范城市的管理工作，设立配套资金，在各项工作中对示范城市给予政策倾斜。

**第二十四条** 示范城市人民政府是城市示范工作的责任主体。示范城市人民政府应将知识产权工作提升到城市发展战略层面，融入城市经济社会发展大局，强化战略谋划、能力建设、政策融合，确保示范城市工作取得实效。

**第二十五条** 示范城市建设的主要任务是：制定实施城市知识产权战略，加强城市知识产权管理和服务能力建设，健全城市知识产权政策体系，加强知识产权政策实施的力度、深度以及与相关政策的协调性，提升城市知识产权创造能力，提升城市知识产权运用的经济效益，提升城市知识产权执法保护的效果，提升知识产权服务业发展水平。

**第二十六条** 示范城市应于每年1月31日前向国家知识产权局报送上年度工作总结和当年工作计划。示范城市建设过程中作出的重大工作安排和遇到的突出问题，应及时通过省知识产权局向国家知识产权局请示和报告。

**第二十七条** 示范城市工作期限为3年，自批复通知印发之日起计算。期满4个月内，由城市人民政府通过省知识产权局提交书面申请复核函，国家知识产权局组织有关专家对示范城市进行复核。逾期未提出复核的城市，视为退出示范城市工作序列，且3年内不得再次申报。

第二十八条　示范城市复核原则上采取书面考核的方式，必要时进行实地考核。复核的主要内容包括：（一）审核有关城市当前的状况是否符合本办法第十八条规定的示范城市申报条件，不符合申报条件的取消示范城市资格；（二）该示范城市建设周期中的年度考核结果、专利实力监测情况以及示范城市建设方案确定的各项任务目标的完成情况，作为主要考核依据。

第二十九条　通过复核的城市，继续保留国家知识产权示范城市称号，制定并印发新的示范城市建设工作方案，开展新一轮示范城市建设工作。未通过复核的城市，取消国家知识产权示范城市称号，并且2年内不得再次申报示范城市。

## 第六章　附　则

第三十条　各省知识产权局应将试点示范城市工作作为推动本地区知识产权工作的重要抓手，加大投入，扎实推进。国家知识产权局每年对省知识产权局试点示范城市管理工作进行考核。

第三十一条　以不当方法影响验收、评定、复核结果或在申报材料中弄虚作假的，经调查确认后，取消其申报资格；已取得试点和示范城市称号的，予以取消。

第三十二条　出现下列情形的取消国家知识产权试点或示范城市称号：发生重大群体性、反复、恶意知识产权侵权事件或出现较大数量的非正常专利申请，在全国范围内造成恶劣影响，未能采取有效措施及时遏制的城市；专利行政执法工作评价结果不合格的城市；连续2年工作考核结果为本类别城市中最后一名的示范城市。

第三十三条　本办法由国家知识产权局专利管理司负责解释。

本办法自发布之日起施行。《国家知识产权试点、示范城市（城区）评定和管理办法》（国知发管字〔2014〕34号）自本办法施行之日起废止。本办法施行前发布的其他有关文件与本办法不一致的，按照本办法执行。

附件：1. 国家知识产权试点城市、示范城市申报时城市基本工作状况表（略）
2. 评定示范城市指标体系（略）

# 中华人民共和国著作权法

中华人民共和国主席令
第二十六号

《全国人民代表大会常务委员会关于修改〈中华人民共和国著作权法〉的决定》已由中华人民共和国第十一届全国人民代表大会常务委员会第十三次会议于2010年2月26日通过，现予公布，自2010年4月1日起施行。

中华人民共和国主席　胡锦涛
2010年2月26日

（1990年9月7日第七届全国人民代表大会常务委员会第十五次会议通过；根据2001年10月27日第九届全国人民代表大会常务委员会第二十四次会议《关于修改〈中华人民共和国著作权法〉的决定》第一次修正；根据2010年2月26日第十一届全国人民代表大会常务委员会第十三次会议《关于修改〈中华人民共和国著作权法〉的决定》第二次修正）

# 第一章 总 则

**第一条** 为保护文学、艺术和科学作品作者的著作权，以及与著作权有关的权益，鼓励有益于社会主义精神文明、物质文明建设的作品的创作和传播，促进社会主义文化和科学事业的发展与繁荣，根据宪法制定本法。

**第二条** 中国公民、法人或者其他组织的作品，不论是否发表，依照本法享有著作权。

外国人、无国籍人的作品根据其作者所属国或者经常居住地国同中国签订的协议或者共同参加的国际条约享有的著作权，受本法保护。

外国人、无国籍人的作品首先在中国境内出版的，依照本法享有著作权。

未与中国签订协议或者共同参加国际条约的国家的作者以及无国籍人的作品首次在中国参加的国际条约的成员国出版的，或者在成员国和非成员国同时出版的，受本法保护。

**第三条** 本法所称的作品，包括以下列形式创作的文学、艺术和自然科学、社会科学、工程技术等作品：

（一）文字作品；

（二）口述作品；

（三）音乐、戏剧、曲艺、舞蹈、杂技艺术作品；

（四）美术、建筑作品；

（五）摄影作品；

（六）电影作品和以类似摄制电影的方法创作的作品；

（七）工程设计图、产品设计图、地图、示意图等图形作品和模型作品；

（八）计算机软件；

（九）法律、行政法规规定的其他作品。

**第四条** 著作权人行使著作权，不得违反宪法和法律，不得损害公共利益。国家对作品的出版、传播依法进行监督管理。

**第五条** 本法不适用于：

（一）法律、法规，国家机关的决议、决定、命令和其他具有立法、行政、司法性质的文件，及其官方正式译文；

（二）时事新闻；

（三）历法、通用数表、通用表格和公式。

**第六条** 民间文学艺术作品的著作权保护办法由国务院另行规定。

**第七条** 国务院著作权行政管理部门主管全国的著作权管理工作；各省、自治区、直辖市人民政府的著作权行政管理部门主管本行政区域的著作权管理工作。

**第八条** 著作权人和与著作权有关的权利人可以授权著作权集体管理组织行使著作权或者与著作权有关的权利。著作权集体管理组织被授权后，可以以自己的名义为著作权人和与著作权有关的权利人主张权利，并可以作为当事人进行涉及著作权或者与著作权有关的权利的诉讼、仲裁活动。

著作权集体管理组织是非营利性组织，其设立方式、权利义务、著作权许可使用费的收取和分配，以及对其监督和管理等由国务院另行规定。

## 第二章 著作权

### 第一节 著作权人及其权利

**第九条** 著作权人包括：

（一）作者；

（二）其他依照本法享有著作权的公民、法人或者其他组织。

第十条 著作权包括下列人身权和财产权：

（一）发表权，即决定作品是否公之于众的权利；

（二）署名权，即表明作者身份，在作品上署名的权利；

（三）修改权，即修改或者授权他人修改作品的权利；

（四）保护作品完整权，即保护作品不受歪曲、篡改的权利；

（五）复制权，即以印刷、复印、拓印、录音、录像、翻录、翻拍等方式将作品制作一份或者多份的权利；

（六）发行权，即以出售或者赠与方式向公众提供作品的原件或者复制件的权利；

（七）出租权，即有偿许可他人临时使用电影作品和以类似摄制电影的方法创作的作品、计算机软件的权利，计算机软件不是出租的主要标的的除外；

（八）展览权，即公开陈列美术作品、摄影作品的原件或者复制件的权利；

（九）表演权，即公开表演作品，以及用各种手段公开播送作品的表演的权利；

（十）放映权，即通过放映机、幻灯机等技术设备公开再现美术、摄影、电影和以类似摄制电影的方法创作的作品等的权利；

（十一）广播权，即以无线方式公开广播或者传播作品，以有线传播或者转播的方式向公众传播广播的作品，以及通过扩音器或者其他传送符号、声音、图像的类似工具向公众传播广播的作品的权利；

（十二）信息网络传播权，即以有线或者无线方式向公众提供作品，使公众可以在其个人选定的时间和地点获得作品的权利；

（十三）摄制权，即以摄制电影或者以类似摄制电影的方法将作品固定在载体上的权利；

（十四）改编权，即改变作品，创作出具有独创性的新作品的权利；

（十五）翻译权，即将作品从一种语言文字转换成另一种语言文字的权利；

（十六）汇编权，即将作品或者作品的片段通过选择或者编排，汇集成新作品的权利；

（十七）应当由著作权人享有的其他权利。

著作权人可以许可他人行使前款第（五）项至第（十七）项规定的权利，并依照约定或者本法有关规定获得报酬。

著作权人可以全部或者部分转让本条第一款第（五）项至第（十七）项规定的权利，并依照约定或者本法有关规定获得报酬。

## 第二节　著作权归属

**第十一条**　著作权属于作者，本法另有规定的除外。

创作作品的公民是作者。

由法人或者其他组织主持，代表法人或者其他组织意志创作，并由法人或者其他组织承担责任的作品，法人或者其他组织视为作者。

如无相反证明，在作品上署名的公民、法人或者其他组织为作者。

**第十二条**　改编、翻译、注释、整理已有作品而产生的作品，其著作权由改编、翻译、注释、整理人享有，但行使著作权时不得侵犯原作品的著作权。

**第十三条**　两人以上合作创作的作品，著作权由合作作者共同享有。没有参加创作的人，不能成为合作作者。

合作作品可以分割使用的，作者对各自创作的部分可以单独享有著作权，但行使著作权时不得侵犯合作作品整体的著作权。

第十四条  汇编若干作品、作品的片段或者不构成作品的数据或者其他材料,对其内容的选择或者编排体现独创性的作品,为汇编作品,其著作权由汇编人享有,但行使著作权时,不得侵犯原作品的著作权。

第十五条  电影作品和以类似摄制电影的方法创作的作品的著作权由制片者享有,但编剧、导演、摄影、作词、作曲等作者享有署名权,并有权按照与制片者签订的合同获得报酬。

电影作品和以类似摄制电影的方法创作的作品中的剧本、音乐等可以单独使用的作品的作者有权单独行使其著作权。

第十六条  公民为完成法人或者其他组织工作任务所创作的作品是职务作品,除本条第二款的规定以外,著作权由作者享有,但法人或者其他组织有权在其业务范围内优先使用。作品完成两年内,未经单位同意,作者不得许可第三人以与单位使用的相同方式使用该作品。

有下列情形之一的职务作品,作者享有署名权,著作权的其他权利由法人或者其他组织享有,法人或者其他组织可以给予作者奖励:

(一)主要是利用法人或者其他组织的物质技术条件创作,并由法人或者其他组织承担责任的工程设计图、产品设计图、地图、计算机软件等职务作品;

(二)法律、行政法规规定或者合同约定著作权由法人或者其他组织享有的职务作品。

第十七条  受委托创作的作品,著作权的归属由委托人和受托人通过合同约定。合同未作明确约定或者没有订立合同的,著作权属于受托人。

第十八条  美术等作品原件所有权的转移,不视为作品著作权的转移,但美术作品原件的展览权由原件所有人享有。

第十九条 著作权属于公民的,公民死亡后,其本法第十条第一款第(五)项至第(十七)项规定的权利在本法规定的保护期内,依照继承法的规定转移。

著作权属于法人或者其他组织的,法人或者其他组织变更、终止后,其本法第十条第一款第(五)项至第(十七)项规定的权利在本法规定的保护期内,由承受其权利义务的法人或者其他组织享有;没有承受其权利义务的法人或者其他组织的,由国家享有。

## 第三节 权利的保护期

第二十条 作者的署名权、修改权、保护作品完整权的保护期不受限制。

第二十一条 公民的作品,其发表权、本法第十条第一款第(五)项至第(十七)项规定的权利的保护期为作者终生及其死亡后五十年,截止于作者死亡后第五十年的12月31日;如果是合作作品,截止于最后死亡的作者死亡后第五十年的12月31日。

法人或者其他组织的作品、著作权(署名权除外)由法人或者其他组织享有的职务作品,其发表权、本法第十条第一款第(五)项至第(十七)项规定的权利的保护期为五十年,截止于作品首次发表后第五十年的12月31日,但作品自创作完成后五十年内未发表的,本法不再保护。

电影作品和以类似摄制电影的方法创作的作品、摄影作品,其发表权、本法第十条第一款第(五)项至第(十七)项规定的权利的保护期为五十年,截止于作品首次发表后第五十年的12月31日,但作品自创作完成后五十年内未发表的,本法不再保护。

## 第四节 权利的限制

第二十二条 在下列情况下使用作品,可以不经著作权人许可，不向其支付报酬，但应当指明作者姓名、作品名称，并且不得侵犯著作权人依照本法享有的其他权利：

（一）为个人学习、研究或者欣赏，使用他人已经发表的作品；

（二）为介绍、评论某一作品或者说明某一问题，在作品中适当引用他人已经发表的作品；

（三）为报道时事新闻，在报纸、期刊、广播电台、电视台等媒体中不可避免地再现或者引用已经发表的作品；

（四）报纸、期刊、广播电台、电视台等媒体刊登或者播放其他报纸、期刊、广播电台、电视台等媒体已经发表的关于政治、经济、宗教问题的时事性文章，但作者声明不许刊登、播放的除外；

（五）报纸、期刊、广播电台、电视台等媒体刊登或者播放在公众集会上发表的讲话，但作者声明不许刊登、播放的除外；

（六）为学校课堂教学或者科学研究，翻译或者少量复制已经发表的作品，供教学或者科研人员使用，但不得出版发行；

（七）国家机关为执行公务在合理范围内使用已经发表的作品；

（八）图书馆、档案馆、纪念馆、博物馆、美术馆等为陈列或者保存版本的需要，复制本馆收藏的作品；

（九）免费表演已经发表的作品，该表演未向公众收取费用，也未向表演者支付报酬；

（十）对设置或者陈列在室外公共场所的艺术作品进行临摹、绘画、摄影、录像；

（十一）将中国公民、法人或者其他组织已经发表的以汉语言文字创作的作品翻译成少数民族语言文字作品在国内出版发行；

（十二）将已经发表的作品改成盲文出版。

前款规定适用于对出版者、表演者、录音录像制作者、广播电台、电视台的权利的限制。

**第二十三条** 为实施九年制义务教育和国家教育规划而编写出

版教科书，除作者事先声明不许使用的外，可以不经著作权人许可，在教科书中汇编已经发表的作品片段或者短小的文字作品、音乐作品或者单幅的美术作品、摄影作品，但应当按照规定支付报酬，指明作者姓名、作品名称，并且不得侵犯著作权人依照本法享有的其他权利。

前款规定适用于对出版者、表演者、录音录像制作者、广播电台、电视台的权利的限制。

# 第三章　著作权许可使用和转让合同

**第二十四条**　使用他人作品应当同著作权人订立许可使用合同，本法规定可以不经许可的除外。

许可使用合同包括下列主要内容：

（一）许可使用的权利种类；

（二）许可使用的权利是专有使用权或者非专有使用权；

（三）许可使用的地域范围、期间；

（四）付酬标准和办法；

（五）违约责任；

（六）双方认为需要约定的其他内容。

**第二十五条**　转让本法第十条第一款第（五）项至第（十七）项规定的权利，应当订立书面合同。

权利转让合同包括下列主要内容：

（一）作品的名称；

（二）转让的权利种类、地域范围；

（三）转让价金；

（四）交付转让价金的日期和方式；

（五）违约责任；

（六）双方认为需要约定的其他内容。

**第二十六条** 以著作权出质的，由出质人和质权人向国务院著作权行政管理部门办理出质登记。

**第二十七条** 许可使用合同和转让合同中著作权人未明确许可、转让的权利，未经著作权人同意，另一方当事人不得行使。

**第二十八条** 使用作品的付酬标准可以由当事人约定，也可以按照国务院著作权行政管理部门会同有关部门制定的付酬标准支付报酬。当事人约定不明确的，按照国务院著作权行政管理部门会同有关部门制定的付酬标准支付报酬。

**第二十九条** 出版者、表演者、录音录像制作者、广播电台、电视台等依照本法有关规定使用他人作品的，不得侵犯作者的署名权、修改权、保护作品完整权和获得报酬的权利。

## 第四章 出版、表演、录音录像、播放

### 第一节 图书、报刊的出版

**第三十条** 图书出版者出版图书应当和著作权人订立出版合同，并支付报酬。

**第三十一条** 图书出版者对著作权人交付出版的作品，按照合同约定享有的专有出版权受法律保护，他人不得出版该作品。

**第三十二条** 著作权人应当按照合同约定期限交付作品。图书出版者应当按照合同约定的出版质量、期限出版图书。

图书出版者不按照合同约定期限出版，应当依照本法第五十四条的规定承担民事责任。

图书出版者重印、再版作品的，应当通知著作权人，并支付报

酬。图书脱销后,图书出版者拒绝重印、再版的,著作权人有权终止合同。

**第三十三条** 著作权人向报社、期刊社投稿的,自稿件发出之日起十五日内未收到报社通知决定刊登的,或者自稿件发出之日起三十日内未收到期刊社通知决定刊登的,可以将同一作品向其他报社、期刊社投稿。双方另有约定的除外。

作品刊登后,除著作权人声明不得转载、摘编的外,其他报刊可以转载或者作为文摘、资料刊登,但应当按照规定向著作权人支付报酬。

**第三十四条** 图书出版者经作者许可,可以对作品修改、删节。

报社、期刊社可以对作品作文字性修改、删节。对内容的修改,应当经作者许可。

**第三十五条** 出版改编、翻译、注释、整理、汇编已有作品而产生的作品,应当取得改编、翻译、注释、整理、汇编作品的著作权人和原作品的著作权人许可,并支付报酬。

**第三十六条** 出版者有权许可或者禁止他人使用其出版的图书、期刊的版式设计。

前款规定的权利的保护期为十年,截止于使用该版式设计的图书、期刊首次出版后第十年的12月31日。

## 第二节 表 演

**第三十七条** 使用他人作品演出,表演者(演员、演出单位)应当取得著作权人许可,并支付报酬。演出组织者组织演出,由该组织者取得著作权人许可,并支付报酬。

使用改编、翻译、注释、整理已有作品而产生的作品进行演出,应当取得改编、翻译、注释、整理作品的著作权人和原作品的著作权人许可，并支付报酬。

**第三十八条** 表演者对其表演享有下列权利：

（一）表明表演者身份；

（二）保护表演形象不受歪曲；

（三）许可他人从现场直播和公开传送其现场表演，并获得报酬；

（四）许可他人录音录像，并获得报酬；

（五）许可他人复制、发行录有其表演的录音录像制品，并获得报酬；

（六）许可他人通过信息网络向公众传播其表演，并获得报酬。

被许可人以前款第（三）项至第（六）项规定的方式使用作品，还应当取得著作权人许可，并支付报酬。

**第三十九条** 本法第三十八条第一款第（一）项、第（二）项规定的权利的保护期不受限制。

本法第三十八条第一款第（三）项至第（六）项规定的权利的保护期为五十年，截止于该表演发生后第五十年的12月31日。

## 第三节 录音录像

**第四十条** 录音录像制作者使用他人作品制作录音录像制品，应当取得著作权人许可，并支付报酬。

录音录像制作者使用改编、翻译、注释、整理已有作品而产生的作品，应当取得改编、翻译、注释、整理作品的著作权人和原作品著作权人许可，并支付报酬。

录音制作者使用他人已经合法录制为录音制品的音乐作品制作录音制品，可以不经著作权人许可，但应当按照规定支付报酬；著作权人声明不许使用的不得使用。

**第四十一条** 录音录像制作者制作录音录像制品，应当同表演者订立合同,并支付报酬。

**第四十二条** 录音录像制作者对其制作的录音录像制品,享有许可他人复制、发行、出租、通过信息网络向公众传播并获得报酬的权利;权利的保护期为五十年,截止于该制品首次制作完成后第五十年的12月31日。

被许可人复制、发行、通过信息网络向公众传播录音录像制品,还应当取得著作权人、表演者许可,并支付报酬。

### 第四节 广播电台、电视台播放

**第四十三条** 广播电台、电视台播放他人未发表的作品,应当取得著作权人许可,并支付报酬。

广播电台、电视台播放他人已发表的作品,可以不经著作权人许可,但应当支付报酬。

**第四十四条** 广播电台、电视台播放已经出版的录音制品,可以不经著作权人许可,但应当支付报酬。当事人另有约定的除外。具体办法由国务院规定。

**第四十五条** 广播电台、电视台有权禁止未经其许可的下列行为:

(一)将其播放的广播、电视转播;

(二)将其播放的广播、电视录制在音像载体上以及复制音像载体。

前款规定的权利的保护期为五十年,截止于该广播、电视首次播放后第五十年的12月31日。

**第四十六条** 电视台播放他人的电影作品和以类似摄制电影的方法创作的作品、录像制品,应当取得制片者或者录像制作者许可,并支付报酬;播放他人的录像制品,还应当取得著作权人许可,并支付报酬。

## 第五章　法律责任和执法措施

**第四十七条**　有下列侵权行为的，应当根据情况，承担停止侵害、消除影响、赔礼道歉、赔偿损失等民事责任：

（一）未经著作权人许可，发表其作品的；

（二）未经合作作者许可，将与他人合作创作的作品当作自己单独创作的作品发表的；

（三）没有参加创作，为谋取个人名利，在他人作品上署名的；

（四）歪曲、篡改他人作品的；

（五）剽窃他人作品的；

（六）未经著作权人许可，以展览、摄制电影和以类似摄制电影的方法使用作品，或者以改编、翻译、注释等方式使用作品的，本法另有规定的除外；

（七）使用他人作品，应当支付报酬而未支付的；

（八）未经电影作品和以类似摄制电影的方法创作的作品、计算机软件、录音录像制品的著作权人或者与著作权有关的权利人许可，出租其作品或者录音录像制品的，本法另有规定的除外；

（九）未经出版者许可，使用其出版的图书、期刊的版式设计的；

（十）未经表演者许可，从现场直播或者公开传送其现场表演，或者录制其表演的；

（十一）其他侵犯著作权以及与著作权有关的权益的行为。

**第四十八条**　有下列侵权行为的，应当根据情况，承担停止侵害、消除影响、赔礼道歉、赔偿损失等民事责任；同时损害公共利益的，可以由著作权行政管理部门责令停止侵权行为，没收违法所得，没收、销毁侵权复制品，并可处以罚款；情节严重的，著作权行政管理部门还可以没收主要用于制作侵权复制品的材料、工具、设备等；构成犯罪的，依法追究刑事责任：

（一）未经著作权人许可，复制、发行、表演、放映、广播、汇编、通过信息网络向公众传播其作品的，本法另有规定的除外；

（二）出版他人享有专有出版权的图书的；

（三）未经表演者许可，复制、发行录有其表演的录音录像制品，或者通过信息网络向公众传播其表演的，本法另有规定的除外；

（四）未经录音录像制作者许可，复制、发行、通过信息网络向公众传播其制作的录音录像制品的，本法另有规定的除外；

（五）未经许可，播放或者复制广播、电视的，本法另有规定的除外；

（六）未经著作权人或者与著作权有关的权利人许可，故意避开或者破坏权利人为其作品、录音录像制品等采取的保护著作权或者与著作权有关的权利的技术措施的，法律、行政法规另有规定的除外；

（七）未经著作权人或者与著作权有关的权利人许可，故意删除或者改变作品、录音录像制品等的权利管理电子信息的，法律、行政法规另有规定的除外；

（八）制作、出售假冒他人署名的作品的。

**第四十九条** 侵犯著作权或者与著作权有关的权利的，侵权人应当按照权利人的实际损失给予赔偿；实际损失难以计算的，可以按照侵权人的违法所得给予赔偿。赔偿数额还应当包括权利人为制止侵权行为所支付的合理开支。

权利人的实际损失或者侵权人的违法所得不能确定的，由人民法院根据侵权行为的情节，判决给予五十万元以下的赔偿。

第五十条　著作权人或者与著作权有关的权利人有证据证明他人正在实施或者即将实施侵犯其权利的行为，如不及时制止将会使其合法权益受到难以弥补的损害的，可以在起诉前向人民法院申请采取责令停止有关行为和财产保全的措施。

人民法院处理前款申请，适用《中华人民共和国民事诉讼法》第九十三条至第九十六条和第九十九条的规定。

第五十一条　为制止侵权行为，在证据可能灭失或者以后难以取得的情况下，著作权人或者与著作权有关的权利人可以在起诉前向人民法院申请保全证据。

人民法院接受申请后，必须在四十八小时内作出裁定；裁定采取保全措施的，应当立即开始执行。

人民法院可以责令申请人提供担保，申请人不提供担保的，驳回申请。

申请人在人民法院采取保全措施后十五日内不起诉的，人民法院应当解除保全措施。

第五十二条　人民法院审理案件，对于侵犯著作权或者与著作权有关的权利的，可以没收违法所得、侵权复制品以及进行违法活动的财物。

第五十三条　复制品的出版者、制作者不能证明其出版、制作有合法授权的，复制品的发行者或者电影作品或者以类似摄制电影的方法创作的作品、计算机软件、录音录像制品的复制品的出租者不能证明其发行、出租的复制品有合法来源的，应当承担法律责任。

第五十四条　当事人不履行合同义务或者履行合同义务不符合约定条件的，应当依照《中华人民共和国民法通则》、《中华人民共和国合同法》等有关法律规定承担民事责任。

第五十五条　著作权纠纷可以调解，也可以根据当事人达成的书面仲裁协议或者著作权合同中的仲裁条款,向仲裁机构申请仲裁。

当事人没有书面仲裁协议,也没有在著作权合同中订立仲裁条款的,可以直接向人民法院起诉。

**第五十六条** 当事人对行政处罚不服的,可以自收到行政处罚决定书之日起三个月内向人民法院起诉,期满不起诉又不履行的,著作权行政管理部门可以申请人民法院执行。

## 第六章 附 则

**第五十七条** 本法所称的著作权即版权。

**第五十八条** 本法第二条所称的出版,指作品的复制、发行。

**第五十九条** 计算机软件、信息网络传播权的保护办法由国务院另行规定。

**第六十条** 本法规定的著作权人和出版者、表演者、录音录像制作者、广播电台、电视台的权利,在本法施行之日尚未超过本法规定的保护期的,依照本法予以保护。

本法施行前发生的侵权或者违约行为,依照侵权或者违约行为发生时的有关规定和政策处理。

**第六十一条** 本法自 1991 年 6 月 1 日起施行。

# 附 录

## 中华人民共和国著作权法实施条例

中华人民共和国国务院令

第 633 号

《国务院关于修改〈中华人民共和国著作权法实施条例〉的决定》已经 2013 年 1 月 16 日国务院第 231 次常务会议通过,现予公布,自 2013 年 3 月 1 日起施行。

总理 温家宝
2013 年 1 月 30 日

(2002 年 8 月 2 日中华人民共和国国务院令第 359 号公布;根据 2011 年 1 月 8 日《国务院关于废止和修改部分行政法规的决定》第一次修订;根据 2013 年 1 月 30 日《国务院关于修改〈中华人民共和国著作权法实施条例〉的决定》第二次修订)

**第一条** 根据《中华人民共和国著作权法》(以下简称著作权法),制定本条例。

**第二条** 著作权法所称作品,是指文学、艺术和科学领域内具有独创性并能以某种有形形式复制的智力成果。

**第三条** 著作权法所称创作,是指直接产生文学、艺术和科学作品的智力活动。

为他人创作进行组织工作,提供咨询意见、物质条件,或者进行其他辅助工作,均不视为创作。

**第四条** 著作权法和本条例中下列作品的含义:

(一) 文字作品,是指小说、诗词、散文、论文等以文字形式表现的作品;

(二) 口述作品,是指即兴的演说、授课、法庭辩论等以口头语言形式表现的作品;

(三) 音乐作品,是指歌曲、交响乐等能够演唱或者演奏的带词或者不带词的作品;

(四) 戏剧作品,是指话剧、歌剧、地方戏等供舞台演出的作品;

(五) 曲艺作品,是指相声、快书、大鼓、评书等以说唱为主要形式表演的作品;

(六) 舞蹈作品,是指通过连续的动作、姿势、表情等表现思想情感的作品;

(七) 杂技艺术作品,是指杂技、魔术、马戏等通过形体动作和技巧表现的作品;

(八) 美术作品,是指绘画、书法、雕塑等以线条、色彩或者其他方式构成的有审美意义的平面或者立体的造型艺术作品;

(九) 建筑作品,是指以建筑物或者构筑物形式表现的有审美意义的作品;

(十) 摄影作品,是指借助器械在感光材料或者其他介质上记录客观物体形象的艺术作品;

(十一) 电影作品和以类似摄制电影的方法创作的作品,是指

摄制在一定介质上,由一系列有伴音或者无伴音的画面组成,并且借助适当装置放映或者以其他方式传播的作品;

(十二)图形作品,是指为施工、生产绘制的工程设计图、产品设计图,以及反映地理现象、说明事物原理或者结构的地图、示意图等作品;

(十三)模型作品,是指为展示、试验或者观测等用途,根据物体的形状和结构,按照一定比例制成的立体作品。

**第五条** 著作权法和本条例中下列用语的含义:

(一)时事新闻,是指通过报纸、期刊、广播电台、电视台等媒体报道的单纯事实消息;

(二)录音制品,是指任何对表演的声音和其他声音的录制品;

(三)录像制品,是指电影作品和以类似摄制电影的方法创作的作品以外的任何有伴音或者无伴音的连续相关形象、图像的录制品;

(四)录音制作者,是指录音制品的首次制作人;

(五)录像制作者,是指录像制品的首次制作人;

(六)表演者,是指演员、演出单位或者其他表演文学、艺术作品的人。

**第六条** 著作权自作品创作完成之日起产生。

**第七条** 著作权法第二条第三款规定的首先在中国境内出版的外国人、无国籍人的作品,其著作权自首次出版之日起受保护。

**第八条** 外国人、无国籍人的作品在中国境外首先出版后,30日内在中国境内出版的,视为该作品同时在中国境内出版。

**第九条** 合作作品不可以分割使用的,其著作权由各合作作者共同享有,通过协商一致行使;不能协商一致,又无正当理由的,任何一方不得阻止他方行使除转让以外的其他权利,但是所得收益应当合理分配给所有合作作者。

第十条　著作权人许可他人将其作品摄制成电影作品和以类似摄制电影的方法创作的作品的,视为已同意对其作品进行必要的改动,但是这种改动不得歪曲篡改原作品。

第十一条　著作权法第十六条第一款关于职务作品的规定中的"工作任务",是指公民在该法人或者该组织中应当履行的职责。

著作权法第十六条第二款关于职务作品的规定中的"物质技术条件",是指该法人或者该组织为公民完成创作专门提供的资金、设备或者资料。

第十二条　职务作品完成两年内,经单位同意,作者许可第三人以与单位使用的相同方式使用作品所获报酬,由作者与单位按约定的比例分配。

作品完成两年的期限,自作者向单位交付作品之日起计算。

第十三条　作者身份不明的作品,由作品原件的所有人行使除署名权以外的著作权。作者身份确定后,由作者或者其继承人行使著作权。

第十四条　合作作者之一死亡后,其对合作作品享有的著作权法第十条第一款第五项至第十七项规定的权利无人继承又无人受遗赠的,由其他合作作者享有。

第十五条　作者死亡后,其著作权中的署名权、修改权和保护作品完整权由作者的继承人或者受遗赠人保护。

著作权无人继承又无人受遗赠的,其署名权、修改权和保护作品完整权由著作权行政管理部门保护。

第十六条　国家享有著作权的作品的使用,由国务院著作权行政管理部门管理。

第十七条　作者生前未发表的作品,如果作者未明确表示不发表,作者死亡后50年内,其发表权可由继承人或者受遗赠人行使;没有继承人又无人受遗赠的,由作品原件的所有人行使。

第十八条 作者身份不明的作品，其著作权法第十条第一款第五项至第十七项规定的权利的保护期截止于作品首次发表后第50年的12月31日。作者身份确定后，适用著作权法第二十一条的规定。

第十九条 使用他人作品的，应当指明作者姓名、作品名称；但是，当事人另有约定或者由于作品使用方式的特性无法指明的除外。

第二十条 著作权法所称已经发表的作品，是指著作权人自行或者许可他人公之于众的作品。

第二十一条 依照著作权法有关规定，使用可以不经著作权人许可的已经发表的作品的，不得影响该作品的正常使用，也不得不合理地损害著作权人的合法利益。

第二十二条 依照著作权法第二十三条、第三十三条第二款、第四十条第三款的规定使用作品的付酬标准，由国务院著作权行政管理部门会同国务院价格主管部门制定、公布。

第二十三条 使用他人作品应当同著作权人订立许可使用合同，许可使用的权利是专有使用权的，应当采取书面形式，但是报社、期刊社刊登作品除外。

第二十四条 著作权法第二十四条规定的专有使用权的内容由合同约定，合同没有约定或者约定不明的，视为被许可人有权排除包括著作权人在内的任何人以同样的方式使用作品；除合同另有约定外，被许可人许可第三人行使同一权利，必须取得著作权人的许可。

第二十五条 与著作权人订立专有许可使用合同、转让合同的，可以向著作权行政管理部门备案。

第二十六条 著作权法和本条例所称与著作权有关的权益，是指出版者对其出版的图书和期刊的版式设计享有的权利，表演者对其表演享有的权利,录音录像制作者对其制作的录音录像制品享有的权利,广播电台、电视台对其播放的广播、电视节目享有的权利。

**第二十七条** 出版者、表演者、录音录像制作者、广播电台、电视台行使权利,不得损害被使用作品和原作品著作权人的权利。

**第二十八条** 图书出版合同中约定图书出版者享有专有出版权但没有明确其具体内容的,视为图书出版者享有在合同有效期限内和在合同约定的地域范围内以同种文字的原版、修订版出版图书的专有权利。

**第二十九条** 著作权人寄给图书出版者的两份订单在6个月内未能得到履行,视为著作权法第三十二条所称图书脱销。

**第三十条** 著作权人依照著作权法第三十三条第二款声明不得转载、摘编其作品的,应当在报纸、期刊刊登该作品时附带声明。

**第三十一条** 著作权人依照著作权法第四十条第三款声明不得对其作品制作录音制品的,应当在该作品合法录制为录音制品时声明。

**第三十二条** 依照著作权法第二十三条、第三十三条第二款、第四十条第三款的规定,使用他人作品的,应当自使用该作品之日起2个月内向著作权人支付报酬。

**第三十三条** 外国人、无国籍人在中国境内的表演,受著作权法保护。

外国人、无国籍人根据中国参加的国际条约对其表演享有的权利,受著作权法保护。

**第三十四条** 外国人、无国籍人在中国境内制作、发行的录音制品,受著作权法保护。

外国人、无国籍人根据中国参加的国际条约对其制作、发行的录音制品享有的权利,受著作权法保护。

第三十五条 外国的广播电台、电视台根据中国参加的国际条约对其播放的广播、电视节目享有的权利,受著作权法保护。

第三十六条 有著作权法第四十八条所列侵权行为,同时损害社会公共利益,非法经营额5万元以上的,著作权行政管理部门可处非法经营额1倍以上5倍以下的罚款;没有非法经营额或者非法经营额5万元以下的,著作权行政管理部门根据情节轻重,可处25万元以下的罚款。

第三十七条 有著作权法第四十八条所列侵权行为,同时损害社会公共利益的,由地方人民政府著作权行政管理部门负责查处。

国务院著作权行政管理部门可以查处在全国有重大影响的侵权行为。

第三十八条 本条例自2002年9月15日起施行。1991年5月24日国务院批准、1991年5月30日国家版权局发布的《中华人民共和国著作权法实施条例》同时废止。

# 中华人民共和国专利法

中华人民共和国主席令
十一届第八号

《全国人民代表大会常务委员会关于修改〈中华人民共和国专利法〉的决定》已由中华人民共和国第十一届全国人民代表大会常务委员会第六次会议于2008年12月27日通过,现予公布,自2009年10月1日起施行。

中华人民共和国主席　胡锦涛
2008年12月27日

（1984年3月12日第六届全国人民代表大会常务委员会第四次会议通过；根据1992年9月4日第七届全国人民代表大会常务委员会第二十七次会议《关于修改〈中华人民共和国专利法〉的决定》第一次修正；根据2000年8月25日第九届全国人民代表大会常务委员会第十七次会议《关于修改〈中华人民共和国专利法〉的决定》第二

次修正；根据2008年12月27日第十一届全国人民代表大会常务委员会第六次会议《关于修改〈中华人民共和国专利法〉的决定》第三次修正)

# 第一章 总 则

**第一条** 为了保护专利权人的合法权益，鼓励发明创造，推动发明创造的应用，提高创新能力，促进科学技术进步和经济社会发展，制定本法。

**第二条** 本法所称的发明创造是指发明、实用新型和外观设计。

发明，是指对产品、方法或者其改进所提出的新的技术方案。

实用新型，是指对产品的形状、构造或者其结合所提出的适于实用的新的技术方案。

外观设计，是指对产品的形状、图案或者其结合以及色彩与形状、图案的结合所作出的富有美感并适于工业应用的新设计。

**第三条** 国务院专利行政部门负责管理全国的专利工作；统一受理和审查专利申请，依法授予专利权。

省、自治区、直辖市人民政府管理专利工作的部门负责本行政区域内的专利管理工作。

**第四条** 申请专利的发明创造涉及国家安全或者重大利益需要保密的，按照国家有关规定办理。

**第五条** 对违反法律、社会公德或者妨害公共利益的发明创造，不授予专利权。

对违反法律、行政法规的规定获取或者利用遗传资源，并依赖该遗传资源完成的发明创造，不授予专利权。

**第六条** 执行本单位的任务或者主要是利用本单位的物质技术

条件所完成的发明创造为职务发明创造。职务发明创造申请专利的权利属于该单位；申请被批准后，该单位为专利权人。

非职务发明创造，申请专利的权利属于发明人或者设计人；申请被批准后，该发明人或者设计人为专利权人。

利用本单位的物质技术条件所完成的发明创造，单位与发明人或者设计人订有合同，对申请专利的权利和专利权的归属作出约定的，从其约定。

**第七条** 对发明人或者设计人的非职务发明创造专利申请，任何单位或者个人不得压制。

**第八条** 两个以上单位或者个人合作完成的发明创造、一个单位或者个人接受其他单位或者个人委托所完成的发明创造，除另有协议的以外，申请专利的权利属于完成或者共同完成的单位或者个人；申请被批准后，申请的单位或者个人为专利权人。

**第九条** 同样的发明创造只能授予一项专利权。但是，同一申请人同日对同样的发明创造既申请实用新型专利又申请发明专利，先获得的实用新型专利权尚未终止，且申请人声明放弃该实用新型专利权的，可以授予发明专利权。

两个以上的申请人分别就同样的发明创造申请专利的，专利权授予最先申请的人。

**第十条** 专利申请权和专利权可以转让。

中国单位或者个人向外国人、外国企业或者外国其他组织转让专利申请权或者专利权的，应当依照有关法律、行政法规的规定办理手续。

转让专利申请权或者专利权的，当事人应当订立书面合同，并向国务院专利行政部门登记，由国务院专利行政部门予以公告。专利申请权或者专利权的转让自登记之日起生效。

**第十一条** 发明和实用新型专利权被授予后，除本法另有规定的以外，任何单位或者个人未经专利权人许可，都不得实施其专利，即不得为生产经营目的制造、使用、许诺销售、销售、进口其专利产品，或者使用其专利方法以及使用、许诺销售、销售、进口依照该专利方法直接获得的产品。

外观设计专利权被授予后，任何单位或者个人未经专利权人许可，都不得实施其专利，即不得为生产经营目的制造、许诺销售、销售、进口其外观设计专利产品。

第十二条 任何单位或者个人实施他人专利的，应当与专利权人订立实施许可合同，向专利权人支付专利使用费。被许可人无权允许合同规定以外的任何单位或者个人实施该专利。

第十三条 发明专利申请公布后，申请人可以要求实施其发明的单位或者个人支付适当的费用。

第十四条 国有企业事业单位的发明专利，对国家利益或者公共利益具有重大意义的，国务院有关主管部门和省、自治区、直辖市人民政府报经国务院批准，可以决定在批准的范围内推广应用，允许指定的单位实施，由实施单位按照国家规定向专利权人支付使用费。

第十五条 专利申请权或者专利权的共有人对权利的行使有约定的，从其约定。没有约定的，共有人可以单独实施或者以普通许可方式许可他人实施该专利；许可他人实施该专利的，收取的使用费应当在共有人之间分配。

除前款规定的情形外，行使共有的专利申请权或者专利权应当取得全体共有人的同意。

第十六条 被授予专利权的单位应当对职务发明创造的发明人或者设计人给予奖励；发明创造专利实施后，根据其推广应用的范围和取得的经济效益，对发明人或者设计人给予合理的报酬。

第十七条　发明人或者设计人有权在专利文件中写明自己是发明人或者设计人。

专利权人有权在其专利产品或者该产品的包装上标明专利标识。

第十八条　在中国没有经常居所或者营业所的外国人、外国企业或者外国其他组织在中国申请专利的，依照其所属国同中国签订的协议或者共同参加的国际条约，或者依照互惠原则，根据本法办理。

第十九条　在中国没有经常居所或者营业所的外国人、外国企业或者外国其他组织在中国申请专利和办理其他专利事务的，应当委托依法设立的专利代理机构办理。

中国单位或者个人在国内申请专利和办理其他专利事务的，可以委托依法设立的专利代理机构办理。

专利代理机构应当遵守法律、行政法规，按照被代理人的委托办理专利申请或者其他专利事务；对被代理人发明创造的内容，除专利申请已经公布或者公告的以外，负有保密责任。专利代理机构的具体管理办法由国务院规定。

第二十条　任何单位或者个人将在中国完成的发明或者实用新型向外国申请专利的，应当事先报经国务院专利行政部门进行保密审查。保密审查的程序、期限等按照国务院的规定执行。

中国单位或者个人可以根据中华人民共和国参加的有关国际条约提出专利国际申请。申请人提出专利国际申请的，应当遵守前款规定。

国务院专利行政部门依照中华人民共和国参加的有关国际条约、本法和国务院有关规定处理专利国际申请。

对违反本条第一款规定向外国申请专利的发明或者实用新型，在中国申请专利的，不授予专利权。

第二十一条　国务院专利行政部门及其专利复审委员会应当按照客观、公正、准确、及时的要求，依法处理有关专利的申请和请求。

国务院专利行政部门应当完整、准确、及时发布专利信息，定期出版专利公报。

在专利申请公布或者公告前，国务院专利行政部门的工作人员及有关人员对其内容负有保密责任。

## 第二章　授予专利权的条件

第二十二条　授予专利权的发明和实用新型，应当具备新颖性、创造性和实用性。

新颖性，是指该发明或者实用新型不属于现有技术；也没有任何单位或者个人就同样的发明或者实用新型在申请日以前向国务院专利行政部门提出过申请，并记载在申请日以后公布的专利申请文件或者公告的专利文件中。

创造性，是指与现有技术相比，该发明具有突出的实质性特点和显著的进步，该实用新型具有实质性特点和进步。

实用性，是指该发明或者实用新型能够制造或者使用，并且能够产生积极效果。

本法所称现有技术，是指申请日以前在国内外为公众所知的技术。

第二十三条　授予专利权的外观设计，应当不属于现有设计；也没有任何单位或者个人就同样的外观设计在申请日以前向国务院专利行政部门提出过申请，并记载在申请日以后公告的专利文件中。

授予专利权的外观设计与现有设计或者现有设计特征的组合相

比，应当具有明显区别。

授予专利权的外观设计不得与他人在申请日以前已经取得的合法权利相冲突。

本法所称现有设计，是指申请日以前在国内外为公众所知的设计。

**第二十四条** 申请专利的发明创造在申请日以前六个月内，有下列情形之一的，不丧失新颖性：

（一）在中国政府主办或者承认的国际展览会上首次展出的；

（二）在规定的学术会议或者技术会议上首次发表的；

（三）他人未经申请人同意而泄露其内容的。

**第二十五条** 对下列各项，不授予专利权：

（一）科学发现；

（二）智力活动的规则和方法；

（三）疾病的诊断和治疗方法；

（四）动物和植物品种；

（五）用原子核变换方法获得的物质；

（六）对平面印刷品的图案、色彩或者二者的结合作出的主要起标识作用的设计。

对前款第（四）项所列产品的生产方法，可以依照本法规定授予专利权。

## 第三章　专利的申请

**第二十六条** 申请发明或者实用新型专利的，应当提交请求书、说明书及其摘要和权利要求书等文件。

请求书应当写明发明或者实用新型的名称，发明人的姓名，申请人姓名或者名称、地址，以及其他事项。

说明书应当对发明或者实用新型作出清楚、完整的说明，以所属技术领域的技术人员能够实现为准；必要的时候，应当有附图。摘要应当简要说明发明或者实用新型的技术要点。

权利要求书应当以说明书为依据，清楚、简要地限定要求专利保护的范围。

依赖遗传资源完成的发明创造，申请人应当在专利申请文件中说明该遗传资源的直接来源和原始来源；申请人无法说明原始来源的，应当陈述理由。

第二十七条　申请外观设计专利的，应当提交请求书、该外观设计的图片或者照片以及对该外观设计的简要说明等文件。

申请人提交的有关图片或者照片应当清楚地显示要求专利保护的产品的外观设计。

第二十八条　国务院专利行政部门收到专利申请文件之日为申请日。如果申请文件是邮寄的，以寄出的邮戳日为申请日。

第二十九条　申请人自发明或者实用新型在外国第一次提出专利申请之日起十二个月内，或者自外观设计在外国第一次提出专利申请之日起六个月内，又在中国就相同主题提出专利申请的，依照该外国同中国签订的协议或者共同参加的国际条约，或者依照相互承认优先权的原则，可以享有优先权。

申请人自发明或者实用新型在中国第一次提出专利申请之日起十二个月内，又向国务院专利行政部门就相同主题提出专利申请的，可以享有优先权。

第三十条　申请人要求优先权的，应当在申请的时候提出书面声明，并且在三个月内提交第一次提出的专利申请文件的副本；未提出书面声明或者逾期未提交专利申请文件副本的，视为未要求优先权。

第三十一条　一件发明或者实用新型专利申请应当限于一项发

明或者实用新型。属于一个总的发明构思的两项以上的发明或者实用新型，可以作为一件申请提出。

一件外观设计专利申请应当限于一项外观设计。同一产品两项以上的相似外观设计，或者用于同一类别并且成套出售或者使用的产品的两项以上外观设计，可以作为一件申请提出。

**第三十二条** 申请人可以在被授予专利权之前随时撤回其专利申请。

**第三十三条** 申请人可以对其专利申请文件进行修改，但是，对发明和实用新型专利申请文件的修改不得超出原说明书和权利要求书记载的范围，对外观设计专利申请文件的修改不得超出原图片或者照片表示的范围。

## 第四章　专利申请的审查和批准

**第三十四条** 国务院专利行政部门收到发明专利申请后，经初步审查认为符合本法要求的，自申请日起满十八个月，即行公布。国务院专利行政部门可以根据申请人的请求早日公布其申请。

**第三十五条** 发明专利申请自申请日起三年内，国务院专利行政部门可以根据申请人随时提出的请求，对其申请进行实质审查；申请人无正当理由逾期不请求实质审查的，该申请即被视为撤回。

国务院专利行政部门认为必要的时候，可以自行对发明专利申请进行实质审查。

**第三十六条** 发明专利的申请人请求实质审查的时候，应当提交在申请日前与其发明有关的参考资料。

发明专利已经在外国提出过申请的，国务院专利行政部门可以要求申请人在指定期限内提交该国为审查其申请进行检索的资料或者审查结果的资料；无正当理由逾期不提交的，该申请即被视为撤回。

第三十七条　国务院专利行政部门对发明专利申请进行实质审查后，认为不符合本法规定的，应当通知申请人，要求其在指定的期限内陈述意见，或者对其申请进行修改；无正当理由逾期不答复的，该申请即被视为撤回。

第三十八条　发明专利申请经申请人陈述意见或者进行修改后，国务院专利行政部门仍然认为不符合本法规定的，应当予以驳回。

第三十九条　发明专利申请经实质审查没有发现驳回理由的，由国务院专利行政部门作出授予发明专利权的决定，发给发明专利证书，同时予以登记和公告。发明专利权自公告之日起生效。

第四十条　实用新型和外观设计专利申请经初步审查没有发现驳回理由的，由国务院专利行政部门作出授予实用新型专利权或者外观设计专利权的决定，发给相应的专利证书，同时予以登记和公告。实用新型专利权和外观设计专利权自公告之日起生效。

第四十一条　国务院专利行政部门设立专利复审委员会。专利申请人对国务院专利行政部门驳回申请的决定不服的，可以自收到通知之日起三个月内，向专利复审委员会请求复审。专利复审委员会复审后，作出决定，并通知专利申请人。

专利申请人对专利复审委员会的复审决定不服的，可以自收到通知之日起三个月内向人民法院起诉。

# 第五章　专利权的期限、终止和无效

第四十二条　发明专利权的期限为二十年，实用新型专利权和外观设计专利权的期限为十年,均自申请日起计算。

**第四十三条** 专利权人应当自被授予专利权的当年开始缴纳年费。

**第四十四条** 有下列情形之一的,专利权在期限届满前终止:

(一)没有按照规定缴纳年费的;

(二)专利权人以书面声明放弃其专利权的。

专利权在期限届满前终止的,由国务院专利行政部门登记和公告。

**第四十五条** 自国务院专利行政部门公告授予专利权之日起,任何单位或者个人认为该专利权的授予不符合本法有关规定的,可以请求专利复审委员会宣告该专利权无效。

**第四十六条** 专利复审委员会对宣告专利权无效的请求应当及时审查和作出决定,并通知请求人和专利权人。宣告专利权无效的决定,由国务院专利行政部门登记和公告。

对专利复审委员会宣告专利权无效或者维持专利权的决定不服的,可以自收到通知之日起三个月内向人民法院起诉。人民法院应当通知无效宣告请求程序的对方当事人作为第三人参加诉讼。

**第四十七条** 宣告无效的专利权视为自始即不存在。

宣告专利权无效的决定,对在宣告专利权无效前人民法院作出并已执行的专利侵权的判决、调解书,已经履行或者强制执行的专利侵权纠纷处理决定,以及已经履行的专利实施许可合同和专利权转让合同,不具有追溯力。但是因专利权人的恶意给他人造成的损失,应当给予赔偿。

依照前款规定不返还专利侵权赔偿金、专利使用费、专利权转让费,明显违反公平原则的,应当全部或者部分返还。

## 第六章 专利实施的强制许可

**第四十八条** 有下列情形之一的,国务院专利行政部门根据具备实施条件的单位或者个人的申请,可以给予实施发明专利或者实用新型专利的强制许可:

(一)专利权人自专利权被授予之日起满三年,且自提出专利申请之日起满四年,无正当理由未实施或者未充分实施其专利的;

(二)专利权人行使专利权的行为被依法认定为垄断行为,为消除或者减少该行为对竞争产生的不利影响的。

**第四十九条** 在国家出现紧急状态或者非常情况时,或者为了公共利益的目的,国务院专利行政部门可以给予实施发明专利或者实用新型专利的强制许可。

**第五十条** 为了公共健康目的,对取得专利权的药品,国务院专利行政部门可以给予制造并将其出口到符合中华人民共和国参加的有关国际条约规定的国家或者地区的强制许可。

**第五十一条** 一项取得专利权的发明或者实用新型比前已经取得专利权的发明或者实用新型具有显著经济意义的重大技术进步,其实施又有赖于前一发明或者实用新型的实施的,国务院专利行政部门根据后一专利权人的申请,可以给予实施前一发明或者实用新型的强制许可。

在依照前款规定给予实施强制许可的情形下,国务院专利行政部门根据前一专利权人的申请,也可以给予实施后一发明或者实用新型的强制许可。

**第五十二条** 强制许可涉及的发明创造为半导体技术的,其实施限于公共利益的目的和本法第四十八条第(二)项规定的情形。

第五十三条 除依照本法第四十八条第（二）项、第五十条规定给予的强制许可外，强制许可的实施应当主要为了供应国内市场。

第五十四条 依照本法第四十八条第（一）项、第五十一条规定申请强制许可的单位或者个人应当提供证据，证明其以合理的条件请求专利权人许可其实施专利，但未能在合理的时间内获得许可。

第五十五条 国务院专利行政部门作出的给予实施强制许可的决定，应当及时通知专利权人，并予以登记和公告。

给予实施强制许可的决定，应当根据强制许可的理由规定实施的范围和时间。强制许可的理由消除并不再发生时，国务院专利行政部门应当根据专利权人的请求，经审查后作出终止实施强制许可的决定。

第五十六条 取得实施强制许可的单位或者个人不享有独占的实施权，并且无权允许他人实施。

第五十七条 取得实施强制许可的单位或者个人应当付给专利权人合理的使用费，或者依照中华人民共和国参加的有关国际条约的规定处理使用费问题。付给使用费的，其数额由双方协商；双方不能达成协议的，由国务院专利行政部门裁决。

第五十八条 专利权人对国务院专利行政部门关于实施强制许可的决定不服的，专利权人和取得实施强制许可的单位或者个人对国务院专利行政部门关于实施强制许可的使用费的裁决不服的，可以自收到通知之日起三个月内向人民法院起诉。

## 第七章 专利权的保护

第五十九条 发明或者实用新型专利权的保护范围以其权利要

求的内容为准,说明书及附图可以用于解释权利要求的内容。

外观设计专利权的保护范围以表示在图片或者照片中的该产品的外观设计为准,简要说明可以用于解释图片或者照片所表示的该产品的外观设计。

**第六十条** 未经专利权人许可,实施其专利,即侵犯其专利权,引起纠纷的,由当事人协商解决;不愿协商或者协商不成的,专利权人或者利害关系人可以向人民法院起诉,也可以请求管理专利工作的部门处理。管理专利工作的部门处理时,认定侵权行为成立的,可以责令侵权人立即停止侵权行为,当事人不服的,可以自收到处理通知之日起十五日内依照《中华人民共和国行政诉讼法》向人民法院起诉;侵权人期满不起诉又不停止侵权行为的,管理专利工作的部门可以申请人民法院强制执行。进行处理的管理专利工作的部门应当事人的请求,可以就侵犯专利权的赔偿数额进行调解;调解不成的,当事人可以依照《中华人民共和国民事诉讼法》向人民法院起诉。

**第六十一条** 专利侵权纠纷涉及新产品制造方法的发明专利的,制造同样产品的单位或者个人应当提供其产品制造方法不同于专利方法的证明。

专利侵权纠纷涉及实用新型专利或者外观设计专利的,人民法院或者管理专利工作的部门可以要求专利权人或者利害关系人出具由国务院专利行政部门对相关实用新型或者外观设计进行检索、分析和评价后作出的专利权评价报告,作为审理、处理专利侵权纠纷的证据。

**第六十二条** 在专利侵权纠纷中,被控侵权人有证据证明其实施的技术或者设计属于现有技术或者现有设计的,不构成侵犯专利权。

**第六十三条** 假冒专利的,除依法承担民事责任外,由管理专利工作的部门责令改正并予公告,没收违法所得,可以并处违法所得四倍以下的罚款;没有违法所得的,可以处二十万元以下的罚款;构成犯罪的,依法追究刑事责任。

**第六十四条** 管理专利工作的部门根据已经取得的证据,对涉嫌假冒专利行为进行查处时,可以询问有关当事人,调查与涉嫌违法行为有关的情况;对当事人涉嫌违法行为的场所实施现场检查;查阅、复制与涉嫌违法行为有关的合同、发票、账簿以及其他有关资料;检查与涉嫌违法行为有关的产品,对有证据证明是假冒专利的产品,可以查封或者扣押。

管理专利工作的部门依法行使前款规定的职权时,当事人应当予以协助、配合,不得拒绝、阻挠。

**第六十五条** 侵犯专利权的赔偿数额按照权利人因被侵权所受到的实际损失确定;实际损失难以确定的,可以按照侵权人因侵权所获得的利益确定。权利人的损失或者侵权人获得的利益难以确定的,参照该专利许可使用费的倍数合理确定。赔偿数额还应当包括权利人为制止侵权行为所支付的合理开支。

权利人的损失、侵权人获得的利益和专利许可使用费均难以确定的,人民法院可以根据专利权的类型、侵权行为的性质和情节等因素,确定给予一万元以上一百万元以下的赔偿。

**第六十六条** 专利权人或者利害关系人有证据证明他人正在实施或者即将实施侵犯专利权的行为,如不及时制止将会使其合法权益受到难以弥补的损害的,可以在起诉前向人民法院申请采取责令停止有关行为的措施。

申请人提出申请时,应当提供担保;不提供担保的,驳回申请。

人民法院应当自接受申请之时起四十八小时内作出裁定;有特殊情况需要延长的,可以延长四十八小时。裁定责令停止有关行为的，应当立即执行。当事人对裁定不服的，可以申请复议一次；复议期间不停止裁定的执行。

申请人自人民法院采取责令停止有关行为的措施之日起十五日内不起诉的，人民法院应当解除该措施。

申请有错误的，申请人应当赔偿被申请人因停止有关行为所遭受的损失。

**第六十七条** 为了制止专利侵权行为，在证据可能灭失或者以后难以取得的情况下，专利权人或者利害关系人可以在起诉前向人民法院申请保全证据。

人民法院采取保全措施，可以责令申请人提供担保；申请人不提供担保的，驳回申请。

人民法院应当自接受申请之时起四十八小时内作出裁定；裁定采取保全措施的，应当立即执行。

申请人自人民法院采取保全措施之日起十五日内不起诉的，人民法院应当解除该措施。

**第六十八条** 侵犯专利权的诉讼时效为二年，自专利权人或者利害关系人得知或者应当得知侵权行为之日起计算。

发明专利申请公布后至专利权授予前使用该发明未支付适当使用费的，专利权人要求支付使用费的诉讼时效为二年，自专利权人得知或者应当得知他人使用其发明之日起计算，但是，专利权人于专利权授予之日前即已得知或者应当得知的，自专利权授予之日起计算。

**第六十九条** 有下列情形之一的，不视为侵犯专利权：

（一）专利产品或者依照专利方法直接获得的产品，由专利权人或者经其许可的单位、个人售出后，使用、许诺销售、销售、进口该产品的；

（二）在专利申请日前已经制造相同产品、使用相同方法或者

已经作好制造、使用的必要准备,并且仅在原有范围内继续制造、使用的;

(三)临时通过中国领陆、领水、领空的外国运输工具,依照其所属国同中国签订的协议或者共同参加的国际条约,或者依照互惠原则,为运输工具自身需要而在其装置和设备中使用有关专利的;

(四)专为科学研究和实验而使用有关专利的;

(五)为提供行政审批所需要的信息,制造、使用、进口专利药品或者专利医疗器械的,以及专门为其制造、进口专利药品或者专利医疗器械的。

**第七十条** 为生产经营目的使用、许诺销售或者销售不知道是未经专利权人许可而制造并售出的专利侵权产品,能证明该产品合法来源的,不承担赔偿责任。

**第七十一条** 违反本法第二十条规定向外国申请专利,泄露国家秘密的,由所在单位或者上级主管机关给予行政处分;构成犯罪的,依法追究刑事责任。

**第七十二条** 侵夺发明人或者设计人的非职务发明创造专利申请权和本法规定的其他权益的,由所在单位或者上级主管机关给予行政处分。

**第七十三条** 管理专利工作的部门不得参与向社会推荐专利产品等经营活动。

管理专利工作的部门违反前款规定的,由其上级机关或者监察机关责令改正,消除影响,有违法收入的予以没收;情节严重的,对直接负责的主管人员和其他直接责任人员依法给予行政处分。

**第七十四条** 从事专利管理工作的国家机关工作人员以及其他有关国家机关工作人员玩忽职守、滥用职权、徇私舞弊,构成犯罪的,依法追究刑事责任;尚不构成犯罪的,依法给予行政处分。

## 第八章　附　则

**第七十五条**　向国务院专利行政部门申请专利和办理其他手续,应当按照规定缴纳费用。

**第七十六条**　本法自1985年4月1日起施行。

# 附 录

## 中华人民共和国专利法实施细则

中华人民共和国国务院令

第 569 号

《国务院关于修改〈中华人民共和国专利法实施细则〉的决定》已经 2009 年 12 月 30 日国务院第 95 次常务会议通过,现予公布,自 2010 年 2 月 1 日起施行。

总理 温家宝

二○一○年一月九日

(2001 年 6 月 15 日中华人民共和国国务院令第 306 号公布;根据 2002 年 12 月 28 日《国务院关于修改〈中华人民共和国专利法实施细则〉的决定》第一次修订;根据 2010 年 1 月 9 日《国务院关于修改〈中华人民共和国专利法实施细则〉的决定》第二次修订)

## 第一章 总 则

**第一条** 根据《中华人民共和国专利法》(以下简称专利法),制定本细则。

**第二条** 专利法和本细则规定的各种手续,应当以书面形式或者国务院专利行政部门规定的其他形式办理。

**第三条** 依照专利法和本细则规定提交的各种文件应当使用中文;国家有统一规定的科技术语的,应当采用规范词;外国人名、地名和科技术语没有统一中文译文的,应当注明原文。

依照专利法和本细则规定提交的各种证件和证明文件是外文的,国务院专利行政部门认为必要时,可以要求当事人在指定期限内附送中文译文;期满未附送的,视为未提交该证件和证明文件。

**第四条** 向国务院专利行政部门邮寄的各种文件,以寄出的邮戳日为递交日;邮戳日不清晰的,除当事人能够提出证明外,以国务院专利行政部门收到日为递交日。

国务院专利行政部门的各种文件,可以通过邮寄、直接送交或者其他方式送达当事人。当事人委托专利代理机构的,文件送交专利代理机构;未委托专利代理机构的,文件送交请求书中指明的联系人。

国务院专利行政部门邮寄的各种文件,自文件发出之日起满15日,推定为当事人收到文件之日。

根据国务院专利行政部门规定应当直接送交的文件,以交付日为送达日。

文件送交地址不清,无法邮寄的,可以通过公告的方式送达当事人。自公告之日起满1个月,该文件视为已经送达。

**第五条** 专利法和本细则规定的各种期限的第一日不计算在期限内。期限以年或者月计算的,以其最后一月的相应日为期限届满日;该月无相应日的,以该月最后一日为期限届满日;期限届满日是法定休假日的,以休假日后的第一个工作日为期限届满日。

**第六条** 当事人因不可抗拒的事由而延误专利法或者本细则规定的期限或者国务院专利行政部门指定的期限,导致其权利丧失的，自障碍消除之日起 2 个月内，最迟自期限届满之日起 2 年内，可以向国务院专利行政部门请求恢复权利。

除前款规定的情形外，当事人因其他正当理由延误专利法或者本细则规定的期限或者国务院专利行政部门指定的期限，导致其权利丧失的，可以自收到国务院专利行政部门的通知之日起 2 个月内向国务院专利行政部门请求恢复权利。

当事人依照本条第一款或者第二款的规定请求恢复权利的，应当提交恢复权利请求书，说明理由，必要时附具有关证明文件，并办理权利丧失前应当办理的相应手续；依照本条第二款的规定请求恢复权利的，还应当缴纳恢复权利请求费。

当事人请求延长国务院专利行政部门指定的期限的，应当在期限届满前，向国务院专利行政部门说明理由并办理有关手续。

本条第一款和第二款的规定不适用专利法第二十四条、第二十九条、第四十二条、第六十八条规定的期限。

**第七条** 专利申请涉及国防利益需要保密的，由国防专利机构受理并进行审查；国务院专利行政部门受理的专利申请涉及国防利益需要保密的，应当及时移交国防专利机构进行审查。经国防专利机构审查没有发现驳回理由的，由国务院专利行政部门作出授予国防专利权的决定。

国务院专利行政部门认为其受理的发明或者实用新型专利申请涉及国防利益以外的国家安全或者重大利益需要保密的，应当及时作出按照保密专利申请处理的决定，并通知申请人。保密专利申请的审查、复审以及保密专利权无效宣告的特殊程序，由国务院专利行政部门规定。

**第八条** 专利法第二十条所称在中国完成的发明或者实用新型，是指技术方案的实质性内容在中国境内完成的发明或者实用新型。

任何单位或者个人将在中国完成的发明或者实用新型向外国申请专利的,应当按照下列方式之一请求国务院专利行政部门进行保密审查:

(一)直接向外国申请专利或者向有关国外机构提交专利国际申请的,应当事先向国务院专利行政部门提出请求,并详细说明其技术方案;

(二)向国务院专利行政部门申请专利后拟向外国申请专利或者向有关国外机构提交专利国际申请的,应当在向外国申请专利或者向有关国外机构提交专利国际申请前向国务院专利行政部门提出请求。

向国务院专利行政部门提交专利国际申请的,视为同时提出了保密审查请求。

**第九条** 国务院专利行政部门收到依照本细则第八条规定递交的请求后,经过审查认为该发明或者实用新型可能涉及国家安全或者重大利益需要保密的,应当及时向申请人发出保密审查通知;申请人未在其请求递交日起4个月内收到保密审查通知的,可以就该发明或者实用新型向外国申请专利或者向有关国外机构提交专利国际申请。

国务院专利行政部门依照前款规定通知进行保密审查的,应当及时作出是否需要保密的决定,并通知申请人。申请人未在其请求递交日起6个月内收到需要保密的决定的,可以就该发明或者实用新型向外国申请专利或者向有关国外机构提交专利国际申请。

**第十条** 专利法第五条所称违反法律的发明创造,不包括仅其实施为法律所禁止的发明创造。

**第十一条** 除专利法第二十八条和第四十二条规定的情形外,专利法所称申请日,有优先权的,指优先权日。

本细则所称申请日,除另有规定的外,是指专利法第二十八条规定的申请日。

**第十二条** 专利法第六条所称执行本单位的任务所完成的职务发明创造，是指：

（一）在本职工作中作出的发明创造；

（二）履行本单位交付的本职工作之外的任务所作出的发明创造；

（三）退休、调离原单位后或者劳动、人事关系终止后1年内作出的，与其在原单位承担的本职工作或者原单位分配的任务有关的发明创造。

专利法第六条所称本单位，包括临时工作单位；专利法第六条所称本单位的物质技术条件，是指本单位的资金、设备、零部件、原材料或者不对外公开的技术资料等。

**第十三条** 专利法所称发明人或者设计人，是指对发明创造的实质性特点作出创造性贡献的人。在完成发明创造过程中，只负责组织工作的人、为物质技术条件的利用提供方便的人或者从事其他辅助工作的人，不是发明人或者设计人。

**第十四条** 除依照专利法第十条规定转让专利权外，专利权因其他事由发生转移的，当事人应当凭有关证明文件或者法律文书向国务院专利行政部门办理专利权转移手续。

专利权人与他人订立的专利实施许可合同，应当自合同生效之日起3个月内向国务院专利行政部门备案。

以专利权出质的，由出质人和质权人共同向国务院专利行政部门办理出质登记。

## 第二章 专利的申请

**第十五条** 以书面形式申请专利的，应当向国务院专利行政部门提交申请文件一式两份。

以国务院专利行政部门规定的其他形式申请专利的，应当符合规定的要求。

申请人委托专利代理机构向国务院专利行政部门申请专利和办理其他专利事务的，应当同时提交委托书，写明委托权限。

申请人有2人以上且未委托专利代理机构的，除请求书中另有声明的外，以请求书中指明的第一申请人为代表人。

**第十六条** 发明、实用新型或者外观设计专利申请的请求书应当写明下列事项：

（一）发明、实用新型或者外观设计的名称；

（二）申请人是中国单位或者个人的，其名称或者姓名、地址、邮政编码、组织机构代码或者居民身份证件号码；申请人是外国人、外国企业或者外国其他组织的，其姓名或者名称、国籍或者注册的国家或者地区；

（三）发明人或者设计人的姓名；

（四）申请人委托专利代理机构的，受托机构的名称、机构代码以及该机构指定的专利代理人的姓名、执业证号码、联系电话；

（五）要求优先权的，申请人第一次提出专利申请（以下简称在先申请）的申请日、申请号以及原受理机构的名称；

（六）申请人或者专利代理机构的签字或者盖章；

（七）申请文件清单；

（八）附加文件清单；

（九）其他需要写明的有关事项。

**第十七条** 发明或者实用新型专利申请的说明书应当写明发明或者实用新型的名称，该名称应当与请求书中的名称一致。说明书应当包括下列内容：

（一）技术领域：写明要求保护的技术方案所属的技术领域；

（二）背景技术：写明对发明或者实用新型的理解、检索、审查有用的背景技术；有可能的，并引证反映这些背景技术的文件；

（三）发明内容：写明发明或者实用新型所要解决的技术问题以及解决其技术问题采用的技术方案，并对照现有技术写明发明或者实用新型的有益效果；

（四）附图说明：说明书有附图的，对各幅附图作简略说明；

（五）具体实施方式：详细写明申请人认为实现发明或者实用新型的优选方式；必要时，举例说明；有附图的，对照附图。

发明或者实用新型专利申请人应当按照前款规定的方式和顺序撰写说明书，并在说明书每一部分前面写明标题，除非其发明或者实用新型的性质用其他方式或者顺序撰写能节约说明书的篇幅并使他人能够准确理解其发明或者实用新型。

发明或者实用新型说明书应当用词规范、语句清楚，并不得使用"如权利要求……所述的……"一类的引用语，也不得使用商业性宣传用语。

发明专利申请包含一个或者多个核苷酸或者氨基酸序列的，说明书应当包括符合国务院专利行政部门规定的序列表。申请人应当将该序列表作为说明书的一个单独部分提交，并按照国务院专利行政部门的规定提交该序列表的计算机可读形式的副本。

实用新型专利申请说明书应当有表示要求保护的产品的形状、构造或者其结合的附图。

**第十八条** 发明或者实用新型的几幅附图应当按照"图1，图2，……"顺序编号排列。

发明或者实用新型说明书文字部分中未提及的附图标记不得在附图中出现，附图中未出现的附图标记不得在说明书文字部分中提及。申请文件中表示同一组成部分的附图标记应当一致。

附图中除必需的词语外，不应当含有其他注释。

第十九条 权利要求书应当记载发明或者实用新型的技术特征。

权利要求书有几项权利要求的,应当用阿拉伯数字顺序编号。

权利要求书中使用的科技术语应当与说明书中使用的科技术语一致,可以有化学式或者数学式,但是不得有插图。除绝对必要的外,不得使用"如说明书……部分所述"或者"如图……所示"的用语。

权利要求中的技术特征可以引用说明书附图中相应的标记,该标记应当放在相应的技术特征后并置于括号内,便于理解权利要求。附图标记不得解释为对权利要求的限制。

第二十条 权利要求书应当有独立权利要求,也可以有从属权利要求。

独立权利要求应当从整体上反映发明或者实用新型的技术方案,记载解决技术问题的必要技术特征。

从属权利要求应当用附加的技术特征,对引用的权利要求作进一步限定。

第二十一条 发明或者实用新型的独立权利要求应当包括前序部分和特征部分,按照下列规定撰写:

(一)前序部分:写明要求保护的发明或者实用新型技术方案的主题名称和发明或者实用新型主题与最接近的现有技术共有的必要技术特征;

(二)特征部分:使用"其特征是……"或者类似的用语,写明发明或者实用新型区别于最接近的现有技术的技术特征。这些特征和前序部分写明的特征合在一起,限定发明或者实用新型要求保护的范围。

发明或者实用新型的性质不适于用前款方式表达的,独立权利要求可以用其他方式撰写。

一项发明或者实用新型应当只有一个独立权利要求,并写在同一发明或者实用新型的从属权利要求之前。

**第二十二条** 发明或者实用新型的从属权利要求应当包括引用部分和限定部分,按照下列规定撰写:

(一)引用部分:写明引用的权利要求的编号及其主题名称;

(二)限定部分:写明发明或者实用新型附加的技术特征。

从属权利要求只能引用在前的权利要求。引用两项以上权利要求的多项从属权利要求,只能以择一方式引用在前的权利要求,并不得作为另一项多项从属权利要求的基础。

**第二十三条** 说明书摘要应当写明发明或者实用新型专利申请所公开内容的概要,即写明发明或者实用新型的名称和所属技术领域,并清楚地反映所要解决的技术问题、解决该问题的技术方案的要点以及主要用途。

说明书摘要可以包含最能说明发明的化学式;有附图的专利申请,还应当提供一幅最能说明该发明或者实用新型技术特征的附图。附图的大小及清晰度应当保证在该图缩小到4厘米×6厘米时,仍能清晰地分辨出图中的各个细节。摘要文字部分不得超过300个字。摘要中不得使用商业性宣传用语。

**第二十四条** 申请专利的发明涉及新的生物材料,该生物材料公众不能得到,并且对该生物材料的说明不足以使所属领域的技术人员实施其发明的,除应当符合专利法和本细则的有关规定外,申请人还应当办理下列手续:

(一)在申请日前或者最迟在申请日(有优先权的,指优先权日),将该生物材料的样品提交国务院专利行政部门认可的保藏单位保藏,并在申请时或者最迟自申请日起4个月内提交保藏单位出具的保藏证明和存活证明;期满未提交证明的,该样品视为未提交保藏;

（二）在申请文件中，提供有关该生物材料特征的资料；

（三）涉及生物材料样品保藏的专利申请应当在请求书和说明书中写明该生物材料的分类命名（注明拉丁文名称）、保藏该生物材料样品的单位名称、地址、保藏日期和保藏编号；申请时未写明的，应当自申请日起 4 个月内补正；期满未补正的，视为未提交保藏。

第二十五条 发明专利申请人依照本细则第二十四条的规定保藏生物材料样品的，在发明专利申请公布后，任何单位或者个人需要将该专利申请所涉及的生物材料作为实验目的使用的，应当向国务院专利行政部门提出请求，并写明下列事项：

（一）请求人的姓名或者名称和地址；

（二）不向其他任何人提供该生物材料的保证；

（三）在授予专利权前，只作为实验目的使用的保证。

第二十六条 专利法所称遗传资源，是指取自人体、动物、植物或者微生物等含有遗传功能单位并具有实际或者潜在价值的材料；专利法所称依赖遗传资源完成的发明创造，是指利用了遗传资源的遗传功能完成的发明创造。

就依赖遗传资源完成的发明创造申请专利的，申请人应当在请求书中予以说明，并填写国务院专利行政部门制定的表格。

第二十七条 申请人请求保护色彩的，应当提交彩色图片或者照片。

申请人应当就每件外观设计产品所需要保护的内容提交有关图片或者照片。

第二十八条 外观设计的简要说明应当写明外观设计产品的名称、用途，外观设计的设计要点，并指定一幅最能表明设计要点的图片或者照片。省略视图或者请求保护色彩的，应当在简要说明中写明。

对同一产品的多项相似外观设计提出一件外观设计专利申请的，应当在简要说明中指定其中一项作为基本设计。

简要说明不得使用商业性宣传用语，也不能用来说明产品的性能。

**第二十九条** 国务院专利行政部门认为必要时，可以要求外观设计专利申请人提交使用外观设计的产品样品或者模型。样品或者模型的体积不得超过30厘米×30厘米×30厘米，重量不得超过15公斤。易腐、易损或者危险品不得作为样品或者模型提交。

**第三十条** 专利法第二十四条第（一）项所称中国政府承认的国际展览会，是指国际展览会公约规定的在国际展览局注册或者由其认可的国际展览会。

专利法第二十四条第（二）项所称学术会议或者技术会议，是指国务院有关主管部门或者全国性学术团体组织召开的学术会议或者技术会议。

申请专利的发明创造有专利法第二十四条第（一）项或者第（二）项所列情形的，申请人应当在提出专利申请时声明，并自申请日起2个月内提交有关国际展览会或者学术会议、技术会议的组织单位出具的有关发明创造已经展出或者发表，以及展出或者发表日期的证明文件。

申请专利的发明创造有专利法第二十四条第（三）项所列情形的，国务院专利行政部门认为必要时，可以要求申请人在指定期限内提交证明文件。

申请人未依照本条第三款的规定提出声明和提交证明文件的，或者未依照本条第四款的规定在指定期限内提交证明文件的，其申请不适用专利法第二十四条的规定。

**第三十一条** 申请人依照专利法第三十条的规定要求外国优先权的，申请人提交的在先申请文件副本应当经原受理机构证明。依照国务院专利行政部门与该受理机构签订的协议，国务院专利行政部门通过电子交换等途径获得在先申请文件副本的，视为申请人提交了经该受理机构证明的在先申请文件副本。要求本国优先权，申请人在请求书中写明在先申请的申请日和申请号的，视为提交了在先申请文件副本。

要求优先权，但请求书中漏写或者错写在先申请的申请日、申请号和原受理机构名称中的一项或者两项内容的，国务院专利行政部门应当通知申请人在指定期限内补正；期满未补正的，视为未要求优先权。

要求优先权的申请人的姓名或者名称与在先申请文件副本中记载的申请人姓名或者名称不一致的，应当提交优先权转让证明材料，未提交该证明材料的，视为未要求优先权。

外观设计专利申请的申请人要求外国优先权，其在先申请未包括对外观设计的简要说明，申请人按照本细则第二十八条规定提交的简要说明未超出在先申请文件的图片或者照片表示的范围的，不影响其享有优先权。

**第三十二条** 申请人在一件专利申请中，可以要求一项或者多项优先权；要求多项优先权的，该申请的优先权期限从最早的优先权日起计算。

申请人要求本国优先权，在先申请是发明专利申请的，可以就相同主题提出发明或者实用新型专利申请；在先申请是实用新型专利申请的，可以就相同主题提出实用新型或者发明专利申请。但是，提出后一申请时，在先申请的主题有下列情形之一的，不得作为要求本国优先权的基础：

（一）已经要求外国优先权或者本国优先权的；

（二）已经被授予专利权的；

（三）属于按照规定提出的分案申请的。

申请人要求本国优先权的,其在先申请自后一申请提出之日起即视为撤回。

**第三十三条** 在中国没有经常居所或者营业所的申请人,申请专利或者要求外国优先权的,国务院专利行政部门认为必要时,可以要求其提供下列文件:

(一)申请人是个人的,其国籍证明;

(二)申请人是企业或者其他组织的,其注册的国家或者地区的证明文件;

(三)申请人的所属国,承认中国单位和个人可以按照该国国民的同等条件,在该国享有专利权、优先权和其他与专利有关的权利的证明文件。

**第三十四条** 依照专利法第三十一条第一款规定,可以作为一件专利申请提出的属于一个总的发明构思的两项以上的发明或者实用新型,应当在技术上相互关联,包含一个或者多个相同或者相应的特定技术特征,其中特定技术特征是指每一项发明或者实用新型作为整体,对现有技术作出贡献的技术特征。

**第三十五条** 依照专利法第三十一条第二款规定,将同一产品的多项相似外观设计作为一件申请提出的,对该产品的其他设计应当与简要说明中指定的基本设计相似。一件外观设计专利申请中的相似外观设计不得超过10项。

专利法第三十一条第二款所称同一类别并且成套出售或者使用的产品的两项以上外观设计,是指各产品属于分类表中同一大类,习惯上同时出售或者同时使用,而且各产品的外观设计具有相同的设计构思。

将两项以上外观设计作为一件申请提出的,应当将各项外观设计的顺序编号标注在每件外观设计产品各幅图片或者照片的名称之前。

第三十六条  申请人撤回专利申请的,应当向国务院专利行政部门提出声明,写明发明创造的名称、申请号和申请日。

撤回专利申请的声明在国务院专利行政部门作好公布专利申请文件的印刷准备工作后提出的,申请文件仍予公布;但是,撤回专利申请的声明应当在以后出版的专利公报上予以公告。

## 第三章  专利申请的审查和批准

第三十七条  在初步审查、实质审查、复审和无效宣告程序中,实施审查和审理的人员有下列情形之一的,应当自行回避,当事人或者其他利害关系人可以要求其回避:

(一)是当事人或者其代理人的近亲属的;

(二)与专利申请或者专利权有利害关系的;

(三)与当事人或者其代理人有其他关系,可能影响公正审查和审理的;

(四)专利复审委员会成员曾参与原申请的审查的。

第三十八条  国务院专利行政部门收到发明或者实用新型专利申请的请求书、说明书(实用新型必须包括附图)和权利要求书,或者外观设计专利申请的请求书、外观设计的图片或者照片和简要说明后,应当明确申请日、给予申请号,并通知申请人。

第三十九条  专利申请文件有下列情形之一的,国务院专利行政部门不予受理,并通知申请人:

(一)发明或者实用新型专利申请缺少请求书、说明书(实用新型无附图)或者权利要求书的,或者外观设计专利申请缺少请求书、图片或者照片、简要说明的;

(二)未使用中文的;

(三)不符合本细则第一百二十一条第一款规定的;

(四)请求书中缺少申请人姓名或者名称,或者缺少地址的;

（五）明显不符合专利法第十八条或者第十九条第一款的规定的；

（六）专利申请类别（发明、实用新型或者外观设计）不明确或者难以确定的。

**第四十条** 说明书中写有对附图的说明但无附图或者缺少部分附图的，申请人应当在国务院专利行政部门指定的期限内补交附图或者声明取消对附图的说明。申请人补交附图的，以向国务院专利行政部门提交或者邮寄附图之日为申请日；取消对附图的说明的，保留原申请日。

**第四十一条** 两个以上的申请人同日（指申请日；有优先权的，指优先权日）分别就同样的发明创造申请专利的，应当在收到国务院专利行政部门的通知后自行协商确定申请人。

同一申请人在同日（指申请日）对同样的发明创造既申请实用新型专利又申请发明专利的，应当在申请时分别说明对同样的发明创造已申请了另一专利；未作说明的，依照专利法第九条第一款关于同样的发明创造只能授予一项专利权的规定处理。

国务院专利行政部门公告授予实用新型专利权，应当公告申请人已依照本条第二款的规定同时申请了发明专利的说明。

发明专利申请经审查没有发现驳回理由，国务院专利行政部门应当通知申请人在规定期限内声明放弃实用新型专利权。申请人声明放弃的，国务院专利行政部门应当作出授予发明专利权的决定，并在公告授予发明专利权时一并公告申请人放弃实用新型专利权声明。申请人不同意放弃的，国务院专利行政部门应当驳回该发明专利申请；申请人期满未答复的，视为撤回该发明专利申请。

实用新型专利权自公告授予发明专利权之日起终止。

**第四十二条** 一件专利申请包括两项以上发明、实用新型或者外观设计的，申请人可以在本细则第五十四条第一款规定的期限届满前,向国务院专利行政部门提出分案申请;但是,专利申请已经被驳回、撤回或者视为撤回的,不能提出分案申请。

国务院专利行政部门认为一件专利申请不符合专利法第三十一条和本细则第三十四条或者第三十五条的规定的,应当通知申请人在指定期限内对其申请进行修改;申请人期满未答复的,该申请视为撤回。

分案的申请不得改变原申请的类别。

**第四十三条** 依照本细则第四十二条规定提出的分案申请,可以保留原申请日,享有优先权的,可以保留优先权日,但是不得超出原申请记载的范围。

分案申请应当依照专利法及本细则的规定办理有关手续。

分案申请的请求书中应当写明原申请的申请号和申请日。提交分案申请时,申请人应当提交原申请文件副本;原申请享有优先权的,并应当提交原申请的优先权文件副本。

**第四十四条** 专利法第三十四条和第四十条所称初步审查,是指审查专利申请是否具备专利法第二十六条或者第二十七条规定的文件和其他必要的文件,这些文件是否符合规定的格式,并审查下列各项:

(一)发明专利申请是否明显属于专利法第五条、第二十五条规定的情形,是否不符合专利法第十八条、第十九条第一款、第二十条第一款或者本细则第十六条、第二十六条第二款的规定,是否明显不符合专利法第二条第二款、第二十六条第五款、第三十一条第一款、第三十三条或者本细则第十七条至第二十一条的规定;

(二)实用新型专利申请是否明显属于专利法第五条、第二十五条规定的情形,是否不符合专利法第十八条、第十九条第一款、第二十条第一款或者本细则第十六条至第十九条、第二十一条至第二十三条的规定,是否明显不符合专利法第二条第三款、第二十二条第二款、第四款、第二十六条第三款、第四款、第三十一条第一款、第三十三条或者本细则第二十条、第四十三条第一款的规定，是否依照专利法第九条规定不能取得专利权；

（三）外观设计专利申请是否明显属于专利法第五条、第二十五条第一款第（六）项规定的情形，是否不符合专利法第十八条、第十九条第一款或者本细则第十六条、第二十七条、第二十八条的规定，是否明显不符合专利法第二条第四款、第二十三条第一款、第二十七条第二款、第三十一条第二款、第三十三条或者本细则第四十三条第一款的规定，是否依照专利法第九条规定不能取得专利权；

（四）申请文件是否符合本细则第二条、第三条第一款的规定。

国务院专利行政部门应当将审查意见通知申请人，要求其在指定期限内陈述意见或者补正；申请人期满未答复的，其申请视为撤回。申请人陈述意见或者补正后，国务院专利行政部门仍然认为不符合前款所列各项规定的，应当予以驳回。

**第四十五条** 除专利申请文件外，申请人向国务院专利行政部门提交的与专利申请有关的其他文件有下列情形之一的，视为未提交：

（一）未使用规定的格式或者填写不符合规定的；

（二）未按照规定提交证明材料的。

国务院专利行政部门应当将视为未提交的审查意见通知申请人。

**第四十六条** 申请人请求早日公布其发明专利申请的，应当向国务院专利行政部门声明。国务院专利行政部门对该申请进行初步审查后，除予以驳回的外，应当立即将申请予以公布。

**第四十七条** 申请人写明使用外观设计的产品及其所属类别的，应当使用国务院专利行政部门公布的外观设计产品分类表。未写明使用外观设计的产品所属类别或者所写的类别不确切的,国务院专利行政部门可以予以补充或者修改。

**第四十八条** 自发明专利申请公布之日起至公告授予专利权之日止,任何人均可以对不符合专利法规定的专利申请向国务院专利行政部门提出意见,并说明理由。

**第四十九条** 发明专利申请人因有正当理由无法提交专利法第三十六条规定的检索资料或者审查结果资料的,应当向国务院专利行政部门声明,并在得到有关资料后补交。

**第五十条** 国务院专利行政部门依照专利法第三十五条第二款的规定对专利申请自行进行审查时,应当通知申请人。

**第五十一条** 发明专利申请人在提出实质审查请求时以及在收到国务院专利行政部门发出的发明专利申请进入实质审查阶段通知书之日起的3个月内,可以对发明专利申请主动提出修改。

实用新型或者外观设计专利申请人自申请日起2个月内,可以对实用新型或者外观设计专利申请主动提出修改。

申请人在收到国务院专利行政部门发出的审查意见通知书后对专利申请文件进行修改的,应当针对通知书指出的缺陷进行修改。

国务院专利行政部门可以自行修改专利申请文件中文字和符号的明显错误。国务院专利行政部门自行修改的,应当通知申请人。

**第五十二条** 发明或者实用新型专利申请的说明书或者权利要求书的修改部分,除个别文字修改或者增删外,应当按照规定格式提交替换页。外观设计专利申请的图片或者照片的修改,应当按照规定提交替换页。

**第五十三条** 依照专利法第三十八条的规定,发明专利申请经实质审查应当予以驳回的情形是指:

(一)申请属于专利法第五条、第二十五条规定的情形,或者依照专利法第九条规定不能取得专利权的；

（二）申请不符合专利法第二条第二款、第二十条第一款、第二十二条、第二十六条第三款、第四款、第五款、第三十一条第一款或者本细则第二十条第二款规定的；

（三）申请的修改不符合专利法第三十三条规定，或者分案的申请不符合本细则第四十三条第一款的规定的。

**第五十四条** 国务院专利行政部门发出授予专利权的通知后，申请人应当自收到通知之日起2个月内办理登记手续。申请人按期办理登记手续的，国务院专利行政部门应当授予专利权，颁发专利证书，并予以公告。

期满未办理登记手续的，视为放弃取得专利权的权利。

**第五十五条** 保密专利申请经审查没有发现驳回理由的，国务院专利行政部门应当作出授予保密专利权的决定，颁发保密专利证书，登记保密专利权的有关事项。

**第五十六条** 授予实用新型或者外观设计专利权的决定公告后，专利法第六十条规定的专利权人或者利害关系人可以请求国务院专利行政部门作出专利权评价报告。

请求作出专利权评价报告的，应当提交专利权评价报告请求书，写明专利号。每项请求应当限于一项专利权。

专利权评价报告请求书不符合规定的，国务院专利行政部门应当通知请求人在指定期限内补正；请求人期满未补正的，视为未提出请求。

**第五十七条** 国务院专利行政部门应当自收到专利权评价报告请求书后2个月内作出专利权评价报告。对同一项实用新型或者外观设计专利权，有多个请求人请求作出专利权评价报告的，国务院专利行政部门仅作出一份专利权评价报告。任何单位或者个人可以查阅或者复制该专利权评价报告。

**第五十八条** 国务院专利行政部门对专利公告、专利单行本中出现的错误，一经发现，应当及时更正，并对所作更正予以公告。

## 第四章 专利申请的复审与专利权的无效宣告

**第五十九条** 专利复审委员会由国务院专利行政部门指定的技术专家和法律专家组成，主任委员由国务院专利行政部门负责人兼任。

**第六十条** 依照专利法第四十一条的规定向专利复审委员会请求复审的，应当提交复审请求书，说明理由，必要时还应当附具有关证据。

复审请求不符合专利法第十九条第一款或者第四十一条第一款规定的，专利复审委员会不予受理，书面通知复审请求人并说明理由。

复审请求书不符合规定格式的，复审请求人应当在专利复审委员会指定的期限内补正；期满未补正的，该复审请求视为未提出。

**第六十一条** 请求人在提出复审请求或者在对专利复审委员会的复审通知书作出答复时，可以修改专利申请文件；但是，修改应当仅限于消除驳回决定或者复审通知书指出的缺陷。

修改的专利申请文件应当提交一式两份。

**第六十二条** 专利复审委员会应当将受理的复审请求书转交国务院专利行政部门原审查部门进行审查。原审查部门根据复审请求人的请求，同意撤销原决定的，专利复审委员会应当据此作出复审决定，并通知复审请求人。

**第六十三条** 专利复审委员会进行复审后，认为复审请求不符合专利法和本细则有关规定的，应当通知复审请求人，要求其在指定期限内陈述意见。期满未答复的，该复审请求视为撤回；经陈述意见或者进行修改后，专利复审委员会认为仍不符合专利法和本细则有关规定的,应当作出维持原驳回决定的复审决定。

专利复审委员会进行复审后,认为原驳回决定不符合专利法和本细则有关规定的,或者认为经过修改的专利申请文件消除了原驳回决定指出的缺陷的,应当撤销原驳回决定,由原审查部门继续进行审查程序。

**第六十四条** 复审请求人在专利复审委员会作出决定前,可以撤回其复审请求。

复审请求人在专利复审委员会作出决定前撤回其复审请求的,复审程序终止。

**第六十五条** 依照专利法第四十五条的规定,请求宣告专利权无效或者部分无效的,应当向专利复审委员会提交专利权无效宣告请求书和必要的证据一式两份。无效宣告请求书应当结合提交的所有证据,具体说明无效宣告请求的理由,并指明每项理由所依据的证据。

前款所称无效宣告请求的理由,是指被授予专利的发明创造不符合专利法第二条、第二十条第一款、第二十二条、第二十三条、第二十六条第三款、第四款、第二十七条第二款、第三十三条或者本细则第二十条第二款、第四十三条第一款的规定,或者属于专利法第五条、第二十五条的规定,或者依照专利法第九条规定不能取得专利权。

**第六十六条** 专利权无效宣告请求不符合专利法第十九条第一款或者本细则第六十五条规定的,专利复审委员会不予受理。

在专利复审委员会就无效宣告请求作出决定之后,又以同样的理由和证据请求无效宣告的,专利复审委员会不予受理。

以不符合专利法第二十三条第三款的规定为理由请求宣告外观设计专利权无效,但是未提交证明权利冲突的证据的,专利复审委员会不予受理。

专利权无效宣告请求书不符合规定格式的，无效宣告请求人应当在专利复审委员会指定的期限内补正；期满未补正的，该无效宣告请求视为未提出。

**第六十七条** 在专利复审委员会受理无效宣告请求后，请求人可以在提出无效宣告请求之日起1个月内增加理由或者补充证据。逾期增加理由或者补充证据的，专利复审委员会可以不予考虑。

**第六十八条** 专利复审委员会应当将专利权无效宣告请求书和有关文件的副本送交专利权人，要求其在指定的期限内陈述意见。

专利权人和无效宣告请求人应当在指定期限内答复专利复审委员会发出的转送文件通知书或者无效宣告请求审查通知书；期满未答复的，不影响专利复审委员会审理。

**第六十九条** 在无效宣告请求的审查过程中，发明或者实用新型专利的专利权人可以修改其权利要求书，但是不得扩大原专利的保护范围。

发明或者实用新型专利的专利权人不得修改专利说明书和附图，外观设计专利的专利权人不得修改图片、照片和简要说明。

**第七十条** 专利复审委员会根据当事人的请求或者案情需要，可以决定对无效宣告请求进行口头审理。

专利复审委员会决定对无效宣告请求进行口头审理的，应当向当事人发出口头审理通知书，告知举行口头审理的日期和地点。当事人应当在通知书指定的期限内作出答复。

无效宣告请求人对专利复审委员会发出的口头审理通知书在指定的期限内未作答复，并且不参加口头审理的，其无效宣告请求视为撤回；专利权人不参加口头审理的，可以缺席审理。

**第七十一条** 在无效宣告请求审查程序中，专利复审委员会指定的期限不得延长。

**第七十二条** 专利复审委员会对无效宣告的请求作出决定前，

无效宣告请求人可以撤回其请求。

专利复审委员会作出决定之前,无效宣告请求人撤回其请求或者其无效宣告请求被视为撤回的,无效宣告请求审查程序终止。但是,专利复审委员会认为根据已进行的审查工作能够作出宣告专利权无效或者部分无效的决定的,不终止审查程序。

## 第五章 专利实施的强制许可

**第七十三条** 专利法第四十八条第(一)项所称未充分实施其专利,是指专利权人及其被许可人实施其专利的方式或者规模不能满足国内对专利产品或者专利方法的需求。

专利法第五十条所称取得专利权的药品,是指解决公共健康问题所需的医药领域中的任何专利产品或者依照专利方法直接获得的产品,包括取得专利权的制造该产品所需的活性成分以及使用该产品所需的诊断用品。

**第七十四条** 请求给予强制许可的,应当向国务院专利行政部门提交强制许可请求书,说明理由并附具有关证明文件。

国务院专利行政部门应当将强制许可请求书的副本送交专利权人,专利权人应当在国务院专利行政部门指定的期限内陈述意见;期满未答复的,不影响国务院专利行政部门作出决定。

国务院专利行政部门在作出驳回强制许可请求的决定或者给予强制许可的决定前,应当通知请求人和专利权人拟作出的决定及其理由。

国务院专利行政部门依照专利法第五十条的规定作出给予强制许可的决定,应当同时符合中国缔结或者参加的有关国际条约关于为了解决公共健康问题而给予强制许可的规定,但中国作出保留的除外。

**第七十五条** 依照专利法第五十七条的规定,请求国务院专利行政部门裁决使用费数额的，当事人应当提出裁决请求书，并附具双方不能达成协议的证明文件。国务院专利行政部门应当自收到请求书之日起3个月内作出裁决，并通知当事人。

## 第六章 对职务发明创造的发明人或者设计人的奖励和报酬

**第七十六条** 被授予专利权的单位可以与发明人、设计人约定或者在其依法制定的规章制度中规定专利法第十六条规定的奖励、报酬的方式和数额。

企业、事业单位给予发明人或者设计人的奖励、报酬，按照国家有关财务、会计制度的规定进行处理。

**第七十七条** 被授予专利权的单位未与发明人、设计人约定也未在其依法制定的规章制度中规定专利法第十六条规定的奖励的方式和数额的，应当自专利权公告之日起3个月内发给发明人或者设计人奖金。一项发明专利的奖金最低不少于3000元；一项实用新型专利或者外观设计专利的奖金最低不少于1000元。

由于发明人或者设计人的建议被其所属单位采纳而完成的发明创造，被授予专利权的单位应当从优发给奖金。

**第七十八条** 被授予专利权的单位未与发明人、设计人约定也未在其依法制定的规章制度中规定专利法第十六条规定的报酬的方式和数额的，在专利权有效期限内，实施发明创造专利后，每年应当从实施该项发明或者实用新型专利的营业利润中提取不低于2%或者从实施该项外观设计专利的营业利润中提取不低于0.2%，作为报酬给予发明人或者设计人，或者参照上述比例，给予发明人或者设计人一次性报酬；被授予专利权的单位许可其他单位或者个人实施其专利的，应当从收取的使用费中提取不低于10%，作为报酬给予发明人或者设计人。

## 第七章　专利权的保护

**第七十九条**　专利法和本细则所称管理专利工作的部门，是指由省、自治区、直辖市人民政府以及专利管理工作量大又有实际处理能力的设区的市人民政府设立的管理专利工作的部门。

**第八十条**　国务院专利行政部门应当对管理专利工作的部门处理专利侵权纠纷、查处假冒专利行为、调解专利纠纷进行业务指导。

**第八十一条**　当事人请求处理专利侵权纠纷或者调解专利纠纷的，由被请求人所在地或者侵权行为地的管理专利工作的部门管辖。

两个以上管理专利工作的部门都有管辖权的专利纠纷，当事人可以向其中一个管理专利工作的部门提出请求；当事人向两个以上有管辖权的管理专利工作的部门提出请求的，由最先受理的管理专利工作的部门管辖。

管理专利工作的部门对管辖权发生争议的，由其共同的上级人民政府管理专利工作的部门指定管辖；无共同上级人民政府管理专利工作的部门的，由国务院专利行政部门指定管辖。

**第八十二条**　在处理专利侵权纠纷过程中，被请求人提出无效宣告请求并被专利复审委员会受理的，可以请求管理专利工作的部门中止处理。

管理专利工作的部门认为被请求人提出的中止理由明显不能成立的，可以不中止处理。

**第八十三条**　专利权人依照专利法第十七条的规定，在其专利产品或者该产品的包装上标明专利标识的，应当按照国务院专利行政部门规定的方式予以标明。

专利标识不符合前款规定的，由管理专利工作的部门责令改正。

**第八十四条** 下列行为属于专利法第六十三条规定的假冒专利的行为：

（一）在未被授予专利权的产品或者其包装上标注专利标识，专利权被宣告无效后或者终止后继续在产品或者其包装上标注专利标识，或者未经许可在产品或者产品包装上标注他人的专利号；

（二）销售第（一）项所述产品；

（三）在产品说明书等材料中将未被授予专利权的技术或者设计称为专利技术或者专利设计，将专利申请称为专利，或者未经许可使用他人的专利号，使公众将所涉及的技术或者设计误认为是专利技术或者专利设计；

（四）伪造或者变造专利证书、专利文件或者专利申请文件；

（五）其他使公众混淆，将未被授予专利权的技术或者设计误认为是专利技术或者专利设计的行为。

专利权终止前依法在专利产品、依照专利方法直接获得的产品或者其包装上标注专利标识，在专利权终止后许诺销售、销售该产品的，不属于假冒专利行为。

销售不知道是假冒专利的产品，并且能够证明该产品合法来源的，由管理专利工作的部门责令停止销售，但免除罚款的处罚。

**第八十五条** 除专利法第六十条规定的外，管理专利工作的部门应当事人请求，可以对下列专利纠纷进行调解：

（一）专利申请权和专利权归属纠纷；

（二）发明人、设计人资格纠纷；

（三）职务发明创造的发明人、设计人的奖励和报酬纠纷；

（四）在发明专利申请公布后专利权授予前使用发明而未支付适当费用的纠纷；

（五）其他专利纠纷。

对于前款第（四）项所列的纠纷，当事人请求管理专利工作的部门调解的,应当在专利权被授予之后提出。

**第八十六条** 当事人因专利申请权或者专利权的归属发生纠纷,已请求管理专利工作的部门调解或者向人民法院起诉的,可以请求国务院专利行政部门中止有关程序。

依照前款规定请求中止有关程序的,应当向国务院专利行政部门提交请求书,并附具管理专利工作的部门或者人民法院的写明申请号或者专利号的有关受理文件副本。

管理专利工作的部门作出的调解书或者人民法院作出的判决生效后,当事人应当向国务院专利行政部门办理恢复有关程序的手续。自请求中止之日起1年内,有关专利申请权或者专利权归属的纠纷未能结案,需要继续中止有关程序的,请求人应当在该期限内请求延长中止。期满未请求延长的,国务院专利行政部门自行恢复有关程序。

**第八十七条** 人民法院在审理民事案件中裁定对专利申请权或者专利权采取保全措施的,国务院专利行政部门应当在收到写明申请号或者专利号的裁定书和协助执行通知书之日中止被保全的专利申请权或者专利权的有关程序。保全期限届满,人民法院没有裁定继续采取保全措施的,国务院专利行政部门自行恢复有关程序。

**第八十八条** 国务院专利行政部门根据本细则第八十六条和第八十七条规定中止有关程序,是指暂停专利申请的初步审查、实质审查、复审程序,授予专利权程序和专利权无效宣告程序;暂停办理放弃、变更、转移专利权或者专利申请权手续,专利权质押手续以及专利权期限届满前的终止手续等。

## 第八章 专利登记和专利公报

**第八十九条** 国务院专利行政部门设置专利登记簿,登记下列与专利申请和专利权有关的事项:

（一）专利权的授予；

（二）专利申请权、专利权的转移；

（三）专利权的质押、保全及其解除；

（四）专利实施许可合同的备案；

（五）专利权的无效宣告；

（六）专利权的终止；

（七）专利权的恢复；

（八）专利实施的强制许可；

（九）专利权人的姓名或者名称、国籍和地址的变更。

**第九十条** 国务院专利行政部门定期出版专利公报，公布或者公告下列内容：

（一）发明专利申请的著录事项和说明书摘要；

（二）发明专利申请的实质审查请求和国务院专利行政部门对发明专利申请自行进行实质审查的决定；

（三）发明专利申请公布后的驳回、撤回、视为撤回、视为放弃、恢复和转移；

（四）专利权的授予以及专利权的著录事项；

（五）发明或者实用新型专利的说明书摘要，外观设计专利的一幅图片或者照片；

（六）国防专利、保密专利的解密；

（七）专利权的无效宣告；

（八）专利权的终止、恢复；

（九）专利权的转移；

（十）专利实施许可合同的备案；

（十一）专利权的质押、保全及其解除；

（十二）专利实施的强制许可的给予；

（十三）专利权人的姓名或者名称、地址的变更；

（十四）文件的公告送达；

（十五）国务院专利行政部门作出的更正；

（十六）其他有关事项。

**第九十一条** 国务院专利行政部门应当提供专利公报、发明专利申请单行本以及发明专利、实用新型专利、外观设计专利单行本，供公众免费查阅。

**第九十二条** 国务院专利行政部门负责按照互惠原则与其他国家、地区的专利机关或者区域性专利组织交换专利文献。

## 第九章 费 用

**第九十三条** 向国务院专利行政部门申请专利和办理其他手续时，应当缴纳下列费用：

（一）申请费、申请附加费、公布印刷费、优先权要求费；

（二）发明专利申请实质审查费、复审费；

（三）专利登记费、公告印刷费、年费；

（四）恢复权利请求费、延长期限请求费；

（五）著录事项变更费、专利权评价报告请求费、无效宣告请求费。

前款所列各种费用的缴纳标准，由国务院价格管理部门、财政部门会同国务院专利行政部门规定。

**第九十四条** 专利法和本细则规定的各种费用，可以直接向国务院专利行政部门缴纳，也可以通过邮局或者银行汇付，或者以国务院专利行政部门规定的其他方式缴纳。

通过邮局或者银行汇付的，应当在送交国务院专利行政部门的汇单上写明正确的申请号或者专利号以及缴纳的费用名称。不符合本款规定的，视为未办理缴费手续。

直接向国务院专利行政部门缴纳费用的，以缴纳当日为缴费日；以邮局汇付方式缴纳费用的，以邮局汇出的邮戳日为缴费日；以银行汇付方式缴纳费用的，以银行实际汇出日为缴费日。

多缴、重缴、错缴专利费用的，当事人可以自缴费日起 3 年内，向国务院专利行政部门提出退款请求，国务院专利行政部门应当予以退还。

第九十五条　申请人应当自申请日起 2 个月内或者在收到受理通知书之日起 15 日内缴纳申请费、公布印刷费和必要的申请附加费；期满未缴纳或者未缴足的，其申请视为撤回。

申请人要求优先权的，应当在缴纳申请费的同时缴纳优先权要求费；期满未缴纳或者未缴足的，视为未要求优先权。

第九十六条　当事人请求实质审查或者复审的，应当在专利法及本细则规定的相关期限内缴纳费用；期满未缴纳或者未缴足的，视为未提出请求。

第九十七条　申请人办理登记手续时，应当缴纳专利登记费、公告印刷费和授予专利权当年的年费；期满未缴纳或者未缴足的，视为未办理登记手续。

第九十八条　授予专利权当年以后的年费应当在上一年度期满前缴纳。专利权人未缴纳或者未缴足的，国务院专利行政部门应当通知专利权人自应当缴纳年费期满之日起 6 个月内补缴，同时缴纳滞纳金；滞纳金的金额按照每超过规定的缴费时间 1 个月，加收当年全额年费的 5%计算；期满未缴纳的，专利权自应当缴纳年费期满之日起终止。

第九十九条　恢复权利请求费应当在本细则规定的相关期限内缴纳；期满未缴纳或者未缴足的，视为未提出请求。

延长期限请求费应当在相应期限届满之日前缴纳；期满未缴纳或者未缴足的，视为未提出请求。

著录事项变更费、专利权评价报告请求费、无效宣告请求费应当自提出请求之日起1个月内缴纳；期满未缴纳或者未缴足的，视为未提出请求。

**第一百条** 申请人或者专利权人缴纳本细则规定的各种费用有困难的，可以按照规定向国务院专利行政部门提出减缴或者缓缴的请求。减缴或者缓缴的办法由国务院财政部门会同国务院价格管理部门、国务院专利行政部门规定。

## 第十章 关于国际申请的特别规定

**第一百零一条** 国务院专利行政部门根据专利法第二十条规定，受理按照专利合作条约提出的专利国际申请。

按照专利合作条约提出并指定中国的专利国际申请（以下简称国际申请）进入国务院专利行政部门处理阶段（以下称进入中国国家阶段）的条件和程序适用本章的规定；本章没有规定的，适用专利法及本细则其他各章的有关规定。

**第一百零二条** 按照专利合作条约已确定国际申请日并指定中国的国际申请，视为向国务院专利行政部门提出的专利申请，该国际申请日视为专利法第二十八条所称的申请日。

**第一百零三条** 国际申请的申请人应当在专利合作条约第二条所称的优先权日（本章简称优先权日）起30个月内，向国务院专利行政部门办理进入中国国家阶段的手续；申请人未在该期限内办理该手续的，在缴纳宽限费后，可以在自优先权日起32个月内办理进入中国国家阶段的手续。

**第一百零四条** 申请人依照本细则第一百零三条的规定办理进入中国国家阶段的手续的，应当符合下列要求：

（一）以中文提交进入中国国家阶段的书面声明，写明国际申请号和要求获得的专利权类型；

（二）缴纳本细则第九十三条第一款规定的申请费、公布印刷

费,必要时缴纳本细则第一百零三条规定的宽限费;

(三)国际申请以外文提出的,提交原始国际申请的说明书和权利要求书的中文译文;

(四)在进入中国国家阶段的书面声明中写明发明创造的名称,申请人姓名或者名称、地址和发明人的姓名,上述内容应当与世界知识产权组织国际局(以下简称国际局)的记录一致;国际申请中未写明发明人的,在上述声明中写明发明人的姓名;

(五)国际申请以外文提出的,提交摘要的中文译文,有附图和摘要附图的,提交附图副本和摘要附图副本,附图中有文字的,将其替换为对应的中文文字;国际申请以中文提出的,提交国际公布文件中的摘要和摘要附图副本;

(六)在国际阶段向国际局已办理申请人变更手续的,提供变更后的申请人享有申请权的证明材料;

(七)必要时缴纳本细则第九十三条第一款规定的申请附加费。

符合本条第一款第(一)项至第(三)项要求的,国务院专利行政部门应当给予申请号,明确国际申请进入中国国家阶段的日期(以下简称进入日),并通知申请人其国际申请已进入中国国家阶段。

国际申请已进入中国国家阶段,但不符合本条第一款第(四)项至第(七)项要求的,国务院专利行政部门应当通知申请人在指定期限内补正;期满未补正的,其申请视为撤回。

**第一百零五条** 国际申请有下列情形之一的,其在中国的效力终止:

(一)在国际阶段,国际申请被撤回或者被视为撤回,或者国际申请对中国的指定被撤回的;

(二)申请人未在优先权日起32个月内按照本细则第一百零三条规定办理进入中国国家阶段手续的;

（三）申请人办理进入中国国家阶段的手续，但自优先权日起32个月期限届满仍不符合本细则第一百零四条第（一）项至第（三）项要求的。

依照前款第（一）项的规定，国际申请在中国的效力终止的，不适用本细则第六条的规定；依照前款第（二）项、第（三）项的规定，国际申请在中国的效力终止的，不适用本细则第六条第二款的规定。

**第一百零六条** 国际申请在国际阶段作过修改，申请人要求以经修改的申请文件为基础进行审查的，应当自进入日起2个月内提交修改部分的中文译文。在该期间内未提交中文译文的，对申请人在国际阶段提出的修改，国务院专利行政部门不予考虑。

**第一百零七条** 国际申请涉及的发明创造有专利法第二十四条第（一）项或者第（二）项所列情形之一，在提出国际申请时作过声明的，申请人应当在进入中国国家阶段的书面声明中予以说明，并自进入日起2个月内提交本细则第三十条第三款规定的有关证明文件；未予说明或者期满未提交证明文件的，其申请不适用专利法第二十四条的规定。

**第一百零八条** 申请人按照专利合作条约的规定，对生物材料样品的保藏已作出说明的，视为已经满足了本细则第二十四条第（三）项的要求。申请人应当在进入中国国家阶段声明中指明记载生物材料样品保藏事项的文件以及在该文件中的具体记载位置。

申请人在原始提交的国际申请的说明书中已记载生物材料样品保藏事项，但是没有在进入中国国家阶段声明中指明的，应当自进入日起4个月内补正。期满未补正的，该生物材料视为未提交保藏。

申请人自进入日起4个月内向国务院专利行政部门提交生物材料样品保藏证明和存活证明的，视为在本细则第二十四条第（一）

项规定的期限内提交。

**第一百零九条** 国际申请涉及的发明创造依赖遗传资源完成的,申请人应当在国际申请进入中国国家阶段的书面声明中予以说明,并填写国务院专利行政部门制定的表格。

**第一百一十条** 申请人在国际阶段已要求一项或者多项优先权,在进入中国国家阶段时该优先权要求继续有效的,视为已经依照专利法第三十条的规定提出了书面声明。

申请人应当自进入日起2个月内缴纳优先权要求费;期满未缴纳或者未缴足的,视为未要求该优先权。

申请人在国际阶段已依照专利合作条约的规定,提交过在先申请文件副本的,办理进入中国国家阶段手续时不需要向国务院专利行政部门提交在先申请文件副本。申请人在国际阶段未提交在先申请文件副本的,国务院专利行政部门认为必要时,可以通知申请人在指定期限内补交;申请人期满未补交的,其优先权要求视为未提出。

**第一百一十一条** 在优先权日起30个月期满前要求国务院专利行政部门提前处理和审查国际申请的,申请人除应当办理进入中国国家阶段手续外,还应当依照专利合作条约第二十三条第二款规定提出请求。国际局尚未向国务院专利行政部门传送国际申请的,申请人应当提交经确认的国际申请副本。

**第一百一十二条** 要求获得实用新型专利权的国际申请,申请人可以自进入日起2个月内对专利申请文件主动提出修改。

要求获得发明专利权的国际申请,适用本细则第五十一条第一款的规定。

**第一百一十三条** 申请人发现提交的说明书、权利要求书或者附图中的文字的中文译文存在错误的,可以在下列规定期限内依照原始国际申请文本提出改正:

（一）在国务院专利行政部门作好公布发明专利申请或者公告实用新型专利权的准备工作之前；

（二）在收到国务院专利行政部门发出的发明专利申请进入实质审查阶段通知书之日起3个月内。

申请人改正译文错误的，应当提出书面请求并缴纳规定的译文改正费。

申请人按照国务院专利行政部门的通知书的要求改正译文的，应当在指定期限内办理本条第二款规定的手续；期满未办理规定手续的，该申请视为撤回。

**第一百一十四条** 对要求获得发明专利权的国际申请，国务院专利行政部门经初步审查认为符合专利法和本细则有关规定的，应当在专利公报上予以公布；国际申请以中文以外的文字提出的，应当公布申请文件的中文译文。

要求获得发明专利权的国际申请，由国际局以中文进行国际公布的，自国际公布日起适用专利法第十三条的规定；由国际局以中文以外的文字进行国际公布的，自国务院专利行政部门公布之日起适用专利法第十三条的规定。

对国际申请，专利法第二十一条和第二十二条中所称的公布是指本条第一款所规定的公布。

**第一百一十五条** 国际申请包含两项以上发明或者实用新型的，申请人可以自进入日起，依照本细则第四十二条第一款的规定提出分案申请。

在国际阶段，国际检索单位或者国际初步审查单位认为国际申请不符合专利合作条约规定的单一性要求时，申请人未按照规定缴纳附加费，导致国际申请某些部分未经国际检索或者未经国际初步审查，在进入中国国家阶段时，申请人要求将所述部分作为审查基础，国务院专利行政部门认为国际检索单位或者国际初步审查单位对发明单一性的判断正确的,应当通知申请人在指定期限内缴纳单一性恢复费。期满未缴纳或者未足额缴纳的,国际申请中未经检索或者未经国际初步审查的部分视为撤回。

**第一百一十六条** 国际申请在国际阶段被有关国际单位拒绝给予国际申请日或者宣布视为撤回的,申请人在收到通知之日起2个月内,可以请求国际局将国际申请档案中任何文件的副本转交国务院专利行政部门,并在该期限内向国务院专利行政部门办理本细则第一百零三条规定的手续,国务院专利行政部门应当在接到国际局传送的文件后,对国际单位作出的决定是否正确进行复查。

**第一百一十七条** 基于国际申请授予的专利权,由于译文错误,致使依照专利法第五十九条规定确定的保护范围超出国际申请的原文所表达的范围的,以依据原文限制后的保护范围为准;致使保护范围小于国际申请的原文所表达的范围的,以授权时的保护范围为准。

## 第十一章 附 则

**第一百一十八条** 经国务院专利行政部门同意,任何人均可以查阅或者复制已经公布或者公告的专利申请的案卷和专利登记簿,并可以请求国务院专利行政部门出具专利登记簿副本。

已视为撤回、驳回和主动撤回的专利申请的案卷,自该专利申请失效之日起满2年后不予保存。

已放弃、宣告全部无效和终止的专利权的案卷,自该专利权失效之日起满3年后不予保存。

**第一百一十九条** 向国务院专利行政部门提交申请文件或者办理各种手续,应当由申请人、专利权人、其他利害关系人或者其代表人签字或者盖章;委托专利代理机构的,由专利代理机构盖章。

请求变更发明人姓名、专利申请人和专利权人的姓名或者名称、国籍和地址、专利代理机构的名称、地址和代理人姓名的，应当向国务院专利行政部门办理著录事项变更手续，并附具变更理由的证明材料。

**第一百二十条** 向国务院专利行政部门邮寄有关申请或者专利权的文件，应当使用挂号信函，不得使用包裹。

除首次提交专利申请文件外，向国务院专利行政部门提交各种文件、办理各种手续的，应当标明申请号或者专利号、发明创造名称和申请人或者专利权人姓名或者名称。

一件信函中应当只包含同一申请的文件。

**第一百二十一条** 各类申请文件应当打字或者印刷，字迹呈黑色，整齐清晰，并不得涂改。附图应当用制图工具和黑色墨水绘制，线条应当均匀清晰，并不得涂改。

请求书、说明书、权利要求书、附图和摘要应当分别用阿拉伯数字顺序编号。

申请文件的文字部分应当横向书写。纸张限于单面使用。

**第一百二十二条** 国务院专利行政部门根据专利法和本细则制定专利审查指南。

**第一百二十三条** 本细则自 2001 年 7 月 1 日起施行。1992 年 12 月 12 日国务院批准修订、1992 年 12 月 21 日中国专利局发布的《中华人民共和国专利法实施细则》同时废止。